U0927237

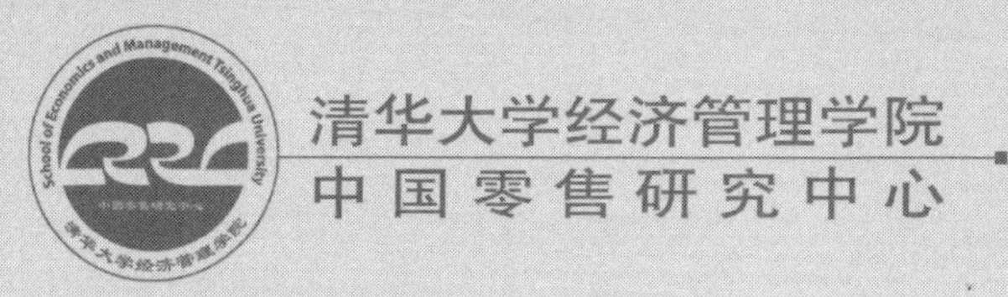

中国零售研究前沿系列·12·

传播领导者定位对消费者产品态度和购买意愿的影响研究

贺曦鸣／著

A RESEARCH ON THE EFFECT OF PROPAGATING BRAND AS A MARKET LEADER ON CONSUMER'S PRODUCT ATTITUDE AND PURCHASE INTENTION

中国财经出版传媒集团

经济科学出版社
Economic Science Press

序言

近年来，在营销学术界，关于营销战略和策略的研究有着被边缘化的趋势。营销战略的研究空间持续地遭到与营销理论并不直接相关的数学模型和心理研究的严重侵蚀，这是令人忧虑的现象。贺曦鸣博士的这项研究，融合了质性研究、定量研究和心理实验等多种方法，同时基于消费者行为的视角，分析营销定位决策的问题，这才是属于营销理论的消费行为研究。与营销决策并无密切关系的数学模型和人类心理研究不应该属于营销理论研究，而许多营销系的教研人员却非常热衷于此。这样的现象存在已久，非常值得营销学术界关注。

定位决策，是营销管理最为重要的决策，它是营销组合策略选择的依据和前提，也是营销理论中最为重要的概念之一。因此，如何选择定位点，定位点究竟为何一直是营销理论界和实践界关注的问题。以领导者作为定位点并进行“轰炸”式传播，是当前中国一个极为常见且独特的营销现象，诸多公司花费重金传播领导者定位点，但“市场领导者”是购买者的选择理由吗？它是有效的吗？它在什么情境下有效？目前尚没有规范的学术成果对其进行研究。本书研究的问题是营销定位领域的核心课题之一，从消费者视角研究品牌传播领导者定位对消费者产品态度和购买意愿的影响，具有较强的理论价值和非常重要的现实意义。

本书通过文献综述回顾了营销定位、消费者产品态度和购买意愿的相关理论，比较全面地梳理了国内外与研究主题相关的研究脉络。通过质性研究、问卷调查和消费者行为实验等研究方法，取得了创新性的研究发现和研究结论。首先，在构建理论框架的基础上采用质性研究和问卷调查的研究方法，挖掘消费者对品牌传播领导者定位的认识和态度。以此为基础，通过七个行为实验进一步挖掘了传播领导者定位对不同类型消费者产品态度和购买意愿的影响，以及对不同情境下消费者产品态度和购买意愿的影响。研究发现，与独立型自我构念主导的消费者相比，依赖型自我构念主导的消费者更偏爱传播领导者定位的品牌。消费者的独特性需求发挥了中介作用。与自用情境相比，消费者在赠礼情景下对传播领导者定位的产品态度更好、购买意愿更强。与未传播领导者定位的品牌相比，赠礼者更倾向于选择传播领导者定位的品牌。通过研究这种现象产生的原因得出了有趣和有意义的研究发现，对企业的营销行为，特别是营销定位点的选择和实施具有一定的指导意义。

贺曦鸣于2009年进入清华大学经管学院经济与金融（国际班）学习，本科毕业以后跟随我进行博士研究生阶段的学习和研究。期间，她曾在美国麻省理工学院斯隆商学院进行过为期一年的学术访问。贺曦鸣关注中国营销管理实践，坚持立足于中国情境，作有实践意义的本土化研究。在博士学习期间，除了定量研究方法和消费者行为实验方法以外，她还特别注重学习案例研究等质性研究方法，有丰富的参与式观察和深度访谈研究经验。她性情温和，踏实勤勉，又拥有情怀，勇于创新，追求完美，是我指导的优秀博士生之一。她的优良品格和在清华大学学习多种研究方法的成果在本书中都有所体现。相信这些学术训练也会帮助她未来在清华大学的教学和研究生涯中不断前行，探索未知的世界，实现自己的理想。

最后我想强调的是，贺曦鸣博士的这一重要研究，尽管还有一些稚嫩，或许还有诸多待完善之处，但不可否认的是，本书的结论一方面会丰富已有的营销定位理论，另一方面会帮助企业进行营销定位的决策，同时也会启发营销学者关注中国营销实践、作对社会有价值的研究。基于以上三点，我们有理由说“这是一个负责任的研究”。加之，这个研究是基于中国零售顾客购买和消费行为的研究，因此将其列入清华大学经济管理学院中国零售研究中心“中国零售研究前沿系列”丛书之中。作为导师，我为她感到高兴和自豪。

李飞

2020年3月

前言

定位已经成为对营销理论影响最大的概念。定位理论的核心问题是定位点选择问题。近几年来，在中国企业当中，选择以领导者为定位点并积极传播成为一个非常普遍的现象，但并不是所有企业都取得了成功。传播领导者定位的成功与失败都与消费者的认知有关，但针对这一问题的研究文献较少，且缺乏系统的理论研究。为此，本书重点研究了传播领导者定位对消费者产品态度和购买意愿的影响。

本书的具体研究分为三个部分，应用了质性研究、问卷调查和消费者行为实验三种研究方法。

第一部分是探索性研究，在构建理论框架的基础上采用质性研究和问卷调查的研究方法，挖掘消费者对品牌传播领导者定位的认识和态度。探索发现，传播领导者定位对消费者产品态度和购买意愿的影响是因消费者类型和消费情境而异的。探索性研究的发现奠定了研究的基础，进一步明确了后面两个部分的研究方向。

第二部分通过四个行为实验研究传播领导者定位对不同类型消费者产品态度和购买意愿的影响。研究发现，与独立型自我构念主导的消费者相比，依赖型自我构念主导的消费者对传播领导者定位的品牌产品态度更好，购买意愿更强。这是因为消费者独特性需求发挥了中介作用。独立型自我构念主导的消费者独特性需求较强，回避相似性需求较强。领导者定位点象征着品牌被大众选择和认可，因此独立型自我构念主导的消费者会下意识地回避传播领导者定位的品牌。

第三部分通过三个行为实验研究传播领导者定位对不同情境下消费者产品态度和购买意愿的影响。研究发现，与自用情境相比，消费者在赠礼情景下对传播领导者定位的产品态度更好、购买意愿更强。而且与未传播领导者定位的品牌相比，赠礼者更倾向于选择传播领导者定位的品牌。因为赠礼者认为，收礼者收到传播领导者定位的品牌会更满意、更幸福。但是研究证明，当收到的礼物是传播领导者定位的品牌时，收礼者并不会更加满意和幸福。

本书在营销定位理论、自我构念和赠礼情境等研究领域的理论基础上，创新性地从消费者视角对传播领导者定位展开研究，揭示了传播领导者定位对消费者产品态度和购买意愿的影响及原因。研究成果丰富了现有的营销定位理论，也为企业深入了解目标顾客并调整营销定位，制定符合逻辑的营销战略提供了科学的建议。

目　录

第 1 章

导　言

1.1　研究背景

以领导者作为定位点并积极传播是当前中国一个非常独特且值得关注的营销现象。近几年来，中国市场的品牌广告中“某一品类市场领导者”的标签可谓屡见不鲜。各行各业、大大小小的品牌陆续开始宣扬自己是某行业或某品类的市场领导者，争先恐后地在广告中给自己贴上“领导者”的标签。大到汽车、电器、交易平台，小到服装、手机、杯装奶茶，甚至连培训机构和整形医院等服务型企业都开始以某一品类领导者作为定位点并不厌其烦地向消费者传播。传播领导者定位的广告语充斥在电视、网络、平面和社交媒体等各种传播渠道当中。表 1－1 列举了部分传播领导者定位的品牌名称。

表 1－1　　部分传播领导者定位的品牌

序号	行业/品类	企业/品牌	传播定位点
1	厨房电器	方太	高端厨电领导者
2	厨房设备	美的	低碳厨房领导者——美的电磁厨房设备
3	电动车	雅迪	全球电动车真正领导者
4	电动车	爱玛	中国电动车领导者
5	空调	格力	能效领跑者
6	冰箱	海尔	世界冰箱领导者
7	净水机	沁园	净水机领导者
8	豆浆机	九阳	豆浆机开创者与领导者
9	汽车	哈弗	中国 SUV 领导者
10	寝具	喜临门	科学睡眠领导者
11	彩票	中国体彩	亿元大奖领导者
12	职业培训	尚德机构	职业培训领跑者
13	服装	九牧王	中国男装行业领跑者

中国品牌在近十年内开始积极传播领导者定位的一个重要原因是受到了定位理论的影响。“定位之父”特劳特和里斯的中国公司先后成立，为许多知名的中国品牌提供定位咨询。他们给出的一个核心建议就是通过不断细分产品品类的方式，把自己塑造成某一品类的第一，即市场领导者，以此在消费者心智中占据独特地位。爱玛和雅迪电动车的宣传语就是两个公司的代表作之一。国内知名电动车品牌爱玛以“中国电动车领导者”自居，而爱玛的最主要竞争对手雅迪也毫不示弱，宣称自己是“全球电动车真正领跑者”。

值得注意的是，并不是所有传播领导者定位的品牌都取得了成功。原因是多方面的。首先，传播领导者定位成功与否很大程度上取决于是否能够成功影响消费者的认知和行为（Dibb et al.，1997；Fill，1999；Sweeney and Soutar，2001）。许多品牌过分依赖咨询公司的定位分析，没有从消费者的角度出发进行深入研究。企业在规划品牌定位和传播策略时并不了解消费者对传播领导者定位的态度，也不清楚传播领导者定位是否能够提高消费者的产品态度和购买意愿。从短期效益来看，大力传播领导者定位似乎能够快速提高品牌知名度和短期销量。但是短时间内品牌知名度的提高是否能够带动品牌美誉度的提高，能否通过传播领导者定位赢得目标顾客的喜爱、信任乃至忠诚仍然有待考证。值得注意的是，传播领导者定位对消费者的影响路径还会受到许多因素的影响。对于相同的传播行为，不同类型消费者的理解和认知也都不尽相同。在不同的消费情境下，传播领导者定位对消费者的影响也有所差异。如果企业不了解自己的目标顾客，没有深入研究目标顾客的需求、心理和使用场景，盲目打广告传播领导者定位就很难获得理想的效果。

其次，以领导者为定位并积极地向消费者传播通常伴随着巨额的广告成本投入。一些品牌通过强势的传播策略提升了自己的知名度，并在短期内提高了销量。但是一旦传播领导者定位所获得的收益不能超过为广告传播所支付的成本，那么品牌就面临着资金链断裂和入不敷出的巨大风险。甚至有一些品牌不堪忍受巨额的广告费用，在一段时间之后遭遇了巨大的亏损（李飞、李达军、路倩，2017）。例如，2005 年诞生的香飘飘奶茶，为了强调自己是杯装冲泡奶茶的市场领导者，不断重金投放广告，广告语从“香飘飘奶茶，一年卖出 3 亿杯，杯子连起来可绕地球一圈”到后来的“香飘飘奶茶，一年卖出 7 亿多杯，连起来可绕地球两圈”。巨额的广告投入带来了一定的成绩，香飘飘奶茶销量一度大幅上涨，公司市值逐步提高，并且在 2017 年 11 月成为中国第一家上市的奶茶企业。然而，如此传播并没有带来丰厚的利润。2016 年香飘飘的广告费用高达 3.6 亿元，当年公司的净利润却只有 2.66 亿元。2018 年上半年，香飘飘奶茶已经亏损超过 5000 万元，净利润下跌了 79%。[①] 可见，传播领导者定位并不一定能保证品牌的成功，传播领导者定位的影响和作用还需要进一步的研究。

1.2 问题提出

有关营销传播策略的研究层出不穷，但关于品牌传播领导者定位的文献却非常稀少，更没有研究能够清晰地解释传播领导者定位产生的影响。

品牌传播领导者定位能否对消费者产生积极的影响，是否能够改善消费者的产品态度，是否能够提升消费者的购买意愿，这些都是值得研究的问题。根据里斯和特劳特（1981，1986，2003）的观点，任何品牌都可以通过细分市场或者开创新品类的方式，把自己打造成第一名，也就是领导者。这样就可以成功占据消费者的心智，获得成功（Ries and Trout，1981，1986；里斯和特劳特，2003）。但很长一段时间以来，并没有除了案例研究以外的实证数据可以直接证明这一观点。

有关领导者品牌的研究只关注占据市场份额最大的品牌，而忽视了绝大多数以领导者为定位点的品牌。已有文献对占据较大市场份额的市场领导者（market leader）和因为最早进入某行业而发展壮大获得竞争优势的市场先驱（pioneer）进行研究。这类研究着重比较的是市场领导者品牌（market leader）和市场追随者（follower brand）之间的差异（Alpert and Kamins，1995；Hellofs and Jacobson，1999）。并没有解释和回答一个品牌（非先进入者或市场占有率最高者），把自己定位成某一品类或细分市场领导者并向消费者传播所产生的影响。毕竟，在传统品类中占据较大市场份额的领导者和追随者是由于市场竞争自然形成的，而以领导者作为定位点并积极传播是可以通过品牌定位和规划实现的。研究传播领导者定位对消费者产品态度和购买意愿的影响对于绝大多数企业而言都更有意义。

从营销理论来看，传播领导者定位是一个营销定位问题。定位理论对营销理论和实践都有着非常重要的意义（Aaker and Shansby，1982；Park et al.，1986；Dovel，1990；Arnott，1992，1994；Trout，1996；Porter，1996；Kotler，1997；Hooley et al.，2001）。然而长期以来营销学者对定位理论的实证研究始终较少（Arnott，1992，1994）。对定位问题的研究也以理论性和描述性研

① 《陷入亏损的香飘飘，能否通过线下奶茶店“逆袭”?》，聚富财经，2019 年 1 月 17 日。

究为主，大多从企业内部决策视角出发（Aaker and Shansby，1982；Crawford，2010），没有从消费者视角研究定位点选择和应用的核心问题（李飞等，2005；张会锋，2013），因此也无法解释品牌传播领导者定位的效果究竟如何，更无法回答品牌传播领导者定位对消费者的产品态度和购买意愿会产生怎样的影响。

笔者认为，分析传播领导者定位的效果，不能仅从广告美感和短期绩效的角度来评判。还需要从消费者视角出发，研究传播领导者定位对不同类型消费者产品态度和购买意愿的影响，也应该充分考虑到消费者面临的消费情境，分析在不同情境下，传播领导者定位对消费者产品态度和购买意愿的影响。

基于从实践中发现的独特且有意义的现象和现有的理论基础，笔者针对传播领导者定位对消费者产品态度和购买意愿的影响展开研究。期待通过探索性的研究，梳理传播领导者定位对消费者产品态度和购买意愿影响的理论框架，并在探索性研究基础上再分别从消费者类型和消费情境两个角度展开深入研究。

1.3 研究内容与研究方法

本书从消费者视角出发，基于营销定位、消费者心理以及消费者行为领域的理论基础，围绕品牌传播领导者定位对消费者产品态度和购买意愿的影响及其原因进行了深入的分析。主要的研究内容如下。

第一，在文献回顾的基础上展开探索性研究，探究品牌传播领导者定位对消费者的实际影响，结合文献回顾构建的理论框架，确立最终的研究框架，明确下一步的研究方向。

第二，研究传播领导者定位对不同类型消费者产品态度和购买意愿的影响。通过上一个阶段的探索性研究，发现消费者类型，特别是消费者的自我构念水平是一个非常关键的影响因素。因此，重点研究传播领导者定位对具有不同自我构念水平的消费者产品态度和购买意愿的影响及原因。

第三，研究传播领导者定位对不同情境下消费者产品态度和购买意愿的影响。在探索性研究中还发现，消费情境是影响传播领导者定位对消费者产生作用的一个重要因素。因此，重点分析赠礼情境和自用情境两种消费情境下，传播领导者定位对消费者产品态度和购买意愿的不同影响以及产生这种差异的原因。

针对以上三个方面的研究内容，笔者选用了与研究问题和所处研究阶段相匹配的研究方法。首先，在探索性研究阶段，通过质性研究中的深度访谈法收集数据，挖掘传播领导者定位对消费者的影响。通过对访谈数据的分析和归纳，确定研究框架和下一步的研究方向。其次，采用样本问卷调研的方法，进一步验证通过访谈得出的结论，从新的研究角度获得有价值的研究发现，并为下一步的实证研究做好铺垫。最后，采用消费者行为实验的方法，从两个方面着手进行研究。一方面是探寻传播领导者定位对不同类型消费者产品态度和购买意愿的影响；另一方面是探索在不同情境下，传播领导者定位对消费者产品态度和购买意愿的影响。

笔者选用了质性研究、问卷调查和行为实验三种研究方法。每一种方法的研究发现和研究结论都将为下一阶段的研究设计做出贡献：质性研究提炼出的框架和结论为问卷调研提供了充分的现实依据，也成为问卷调研的重要设计基础。问卷调研获取的真实数据，锁定了与研究问题相适应的品牌类型，为下一步行为实验的设计提供了重要依据。三个部分的研究层层递进，有助于更加准确和科学地回答本书提出的研究问题，得出对实践和理论有意义的结论。三种研究方法之间的联系如图 1－1 所示。

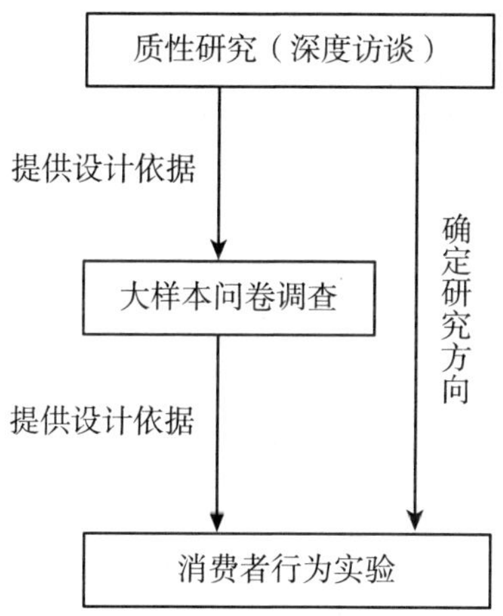

图 1－1 研究方法之间的关系

1.4 结构安排

本书共分为六章，结构安排如图 1－2 所示。

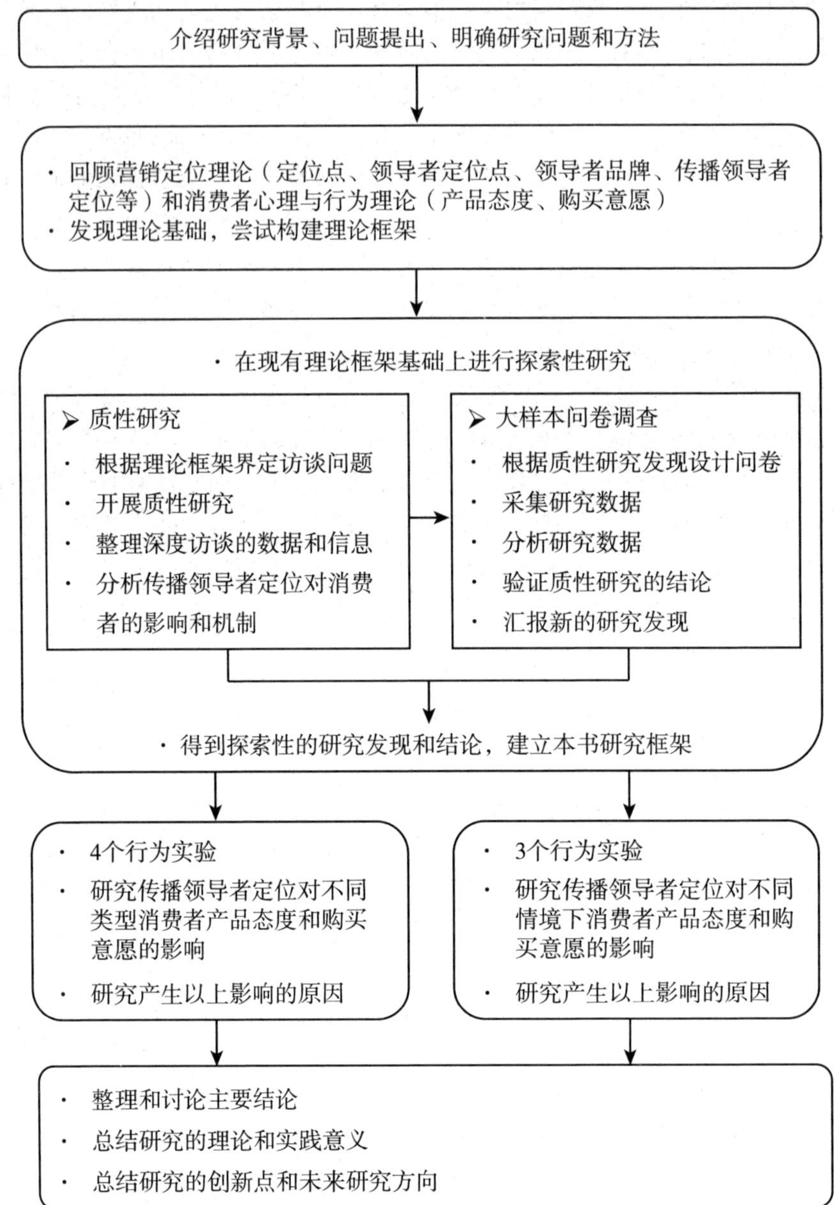

图 1－2　全书的结构安排

第 1 章简要介绍了选题背景并提出了研究问题，交代了主要研究内容以及针对研究内容选用的研究方法，最后呈现了全书的结构安排。

第 2 章梳理了与研究主题相关的各个方面的研究现状。包括传播领导者定位、消费者产品态度、消费者购买意愿，以及传播领导者定位与消费者产品态度和购买意愿之间的关系及与之相关的研究路径。在总结现有理论的基础上构建了与本书研究主题相关的理论框架。

第 3 章采用质性研究中的深度访谈方法和问卷调查法对研究问题进行探索性研究。研究通过质性研究访谈数据和问卷调查数据对第 2 章中得出的理论框架进行了检验与修正，获得了有价值的研究发现，并进一步明确了下一步的研究方向和研究内容。

第 4 章采用消费者行为实验的方法研究了传播领导者定位对具有不同自我构念水平的消费者产品态度和购买意愿的影响以及产生不同影响的原因。在文献回顾和理论推导的基础上提出了研究假设，用一组行为实验的数据证明传播领导者定位对由独立型自我构念主导与由依赖型自我构念主导的消费者产品态度和购买意愿产生了不同的影响，并进一步研究了产生这种不同影响的原因（中介机制）。

第 5 章用一组行为实验研究了不同消费情境下传播领导者定位对消费者产品态度和购买意愿的影响。通过操纵变换消费情境的方式，对比了不同情境下传播领导者定位对消费者产品态度和购买意愿的影响，并且进一步探究了消费者在不同情境下产品态度和购买意愿有所差异的原因。

第 6 章是对整个研究的简要总结，包含研究结论、研究的理论意义与实践意义、创新点、局限性和未来研究方向等内容。

第 2 章

文献回顾和理论基础

本章主要对领导者定位点、消费者产品态度和购买意愿，以及与传播领导者定位对消费者产品态度和购买意愿影响相关的文献进行梳理和归纳。旨在总结现有文献中与本书研究问题相关的研究脉络和理论基础。为下一步研究构建出清晰的理论框架。

2.1 传播领导者定位的理论背景

2.1.1 定位点的概念

结合已有文献对营销定位点的研究，本书采纳李飞的定义方法，认为定位点就是企业或品牌选择并且确定提供给目标顾客的某个具体特征（李飞，2013）。

定位的概念最早是由里斯和特劳特提出的（Trout，1969；钱杭园和杨小微，2008）。定位概念在广告传播领域提出以后受到了营销学者的高度关注（Ries and Trout，1972）。从此以后，定位概念不但被用于指导广告的设计与规划，也被成功延伸到营销领域，用于指导产品定位和品牌定位（Ries and Trout，1981，1986；Kotler，1984）。

2001 年定位被美国营销学会评选为有史以来对营销影响最大的概念。许多学者对定位理论的研究做出了贡献（Reeves，1961；Trout，1969；Ries and Trout，1981，1986；Kotler，1984；李飞，2009，2013）。定位在长期以来被认为是“在目标顾客心目中占有独特位置的行动”（科特勒和凯勒，2006）。这一定义强调了定位作为行为和其可以达到的目的，但并没有表达出具体的内容。还有学者认为，定位点是“可供品牌定位之用的要素”（乔春洋，2005）。企业应该在定位点上与竞争对手实现差异化。作为一个信息要点，传播给消费者的定位点应该能够给消费者留下深刻的印象。定位点可以是产品的某方面属性或者设计，也可以是品牌给人带来的某个利益点或者价值点（余明阳和杨芳平，2008）。

李飞（2009）认为，营销定位是选择、确定并且通过营销组合要素实现定位点的过程。他指出营销定位的核心问题在于定位点的选择（李飞，2013）。企业或品牌确定的定位点应该是目标顾客最为关注或者比较关注，与竞争对手相比具有一定优势的利益点或者价值点（李飞，2003；李飞和刘茜，2004；李飞、刘明葳、吴俊杰，2005；李飞、胡凯、米卜，2011）。定位点可以从属性、利益和价值三个方面着手进行选择（李飞，2009，2013）。

2.1.2 传播领导者定位的概念

领导者定位点是属性定位点的一种。根据本书对定位点概念的界定，领导者定位点的含义是品牌选择并确定向目标顾客展示领导者的特征。传播领导者定位的含义是，在营销传播环节，突出并且强调品牌是领导者的特征。传播领导者定位的目的是让目标顾客感受到品牌的领导者属性真实存在。

营销传播的形式和渠道是多种多样的。通过广告、公关、口碑传播的方式，宣传领导者特征或属性的行为都是在传播领导者定位。通常情况下，传播内容中会出现“市场领导者”“市场引领者”“行业领跑者”之类字样。当然也有一些品牌在传播中选择用比较含蓄的方式表达“市场领导者”的含义，如在广告语中使用“更多人选择的……”“销量连续三年突破……”等说法。

品牌传播领导者定位并不意味着该品牌的市场占有率排名第一。因为根据里斯和特劳特品类战略的定义，任何企业和品牌都可以通过细分品类的方式成为某一品类的“领导者”（Ries and Trout，1986；里斯和特劳特，2003）。许多传播领导者定位的品牌，都是通过细分市场或者开创新品类的方式，将自己定位成某个品类的领导者并进行传播。例如香飘飘奶茶就自称为杯装冲泡奶茶的市场领导者。

2.1.3 领导者品牌对消费者影响的研究现状

传统意义上对市场领导者的判定通常是以市场占有率为依据的。在某一类产品市场上，占有率最高的营销者被称为市场领导者（market leader），占据40%左右的市场份额。而市场挑战者（market challenger）、追随者（market follower）和利基者（market inchers）瓜分剩下 30%、20% 和 10% 的市场份额（科特勒和凯勒，2006）。在“品牌可以通过细分品类的方法把自己打造成某个品类的市场领导者”的说法出现以前，消费者普遍认为领导者品牌就是市场占有率最高的品牌，因此在回顾传播领导者定位对消费者的影响之前，需要先对传统意义上的领导者品牌对消费者产生的影响进行回顾。

以往的研究认为，成为市场先驱或者市场领导者可以有效地把自己的品牌和其他品牌区分开（Kamins，Alpert and Perner，2007）。市场先驱和市场领导者是消费者心目中的行业典范，占有独特的地位。许多有关市场先驱和市场领导者的理论和实证研究纷纷支持了这一观点（Carpenter and Nakamoto，1989；Kardes and Kalyanaram，1992；Alpert and Kamins，1995；Hellofs and Jacobson，1999；Kamins，Alpert and Perner，2003）。

与市场追随者相比，率先进入市场的先驱品牌被认为在产品价格变动、新产品开发等方面都占有绝对的优势。这种优势的形成与市场进入门槛（entry barriers）（Lane，1980）、转换成本（switching cost）（Schmalensee，1982）都有关系。先进入市场的先驱品牌建立起了适合于它发展的结构，被消费者视为产品品类里的经典（Carpenter and Nakamoto，1989）。从学习理论（learning theory）的角度来看，市场先驱先于其他品牌为消费者所了解，因此被消费者考虑和购买的可能性比其他追随者更大（Kardes and Kalyanaram，1992；Kardes et al.，1993；Alpert and Kamins，1994；Min，Kalwani and Robinson，2006）。而且有研究表明，市场先驱相比于其他追随者的一个重要优势是消费者的态度明显更好（Alpert and Kamins，1995；Kamins，Alpert and Perner，2003）。一个可能的解释是消费者认为先驱品牌在所属品类里非常权威，产品具有独创性，值得购买。

有学者认为市场份额较小的品牌，消费者的忠诚度也比较低。虽然这种关系在不同品类之间存在一定的差异（Bass and Wind，1995；Kearns et al.，2000；Pare，Dawes and Drisener，2006；Doyle et al.，2013），但在快速消费品领域中，市场占有率对市场渗透率、消费者忠诚度的正向影响仍然得到了证明（Jung，Zhu and Gruca，2016）。一般学者认为，市场占有率和市场渗透率强烈相关，且在很长一段时间里都是如此（Goodhardt，Ehrenberg and Chatfield，1984）。

还有研究表明，市场份额的大小对消费者感知产品质量有重要影响。市场份额的大小可以通过信号效应、网络外部性效应等几个不同的机制影响消费者对产品质量的感知。市场份额是消费者衡量产品质量评价方程式中的一个重要维度（Hellofs and Jacobson，1999）。

对此，一个流派的学者认为，市场份额与消费者对质量的感知正相关（Hellofs and Jacobson，1999）。消费者决策理论通常认为，由于消费者并不完全具备获取市场信息的能力，市场份额对于消费者的感知质量存在信号效应。消费者倾向于认为更高的市场份额意味着更好的品牌质量，进而提高了对品牌的未来需求。这一认知为企业占领更大的市场份额提供了激励，因为它们想让消费者认为自己的产品质量过硬。这也是企业争夺市场份额、争做行业“龙头”，并且非常乐意在广告中突出自己市场份额的重要原因之一（Naughton，2004）。

更高的市场份额还能带来一定的正向外部性。随着市场份额的增加，即便消费者不了解产品的市场份额，产品的质量或服务便利性也会随之提高（Katz and Shapiro，1985）。ATM 机、App 之类的产品都是如此。以 ATM 机为例，银行占据储户的市场份额越大，自动提款机的分布就越广，消费者的使用就越便利。除此之外，信号效应也是一种正向的网络外部性，当消费者选择了更受欢迎的产品或品牌时，会感受到产品带来的额外精神利益。

另外一个流派则认为，随着市场份额的上升，消费者对质量的感知会随之下降。正如积极的外部性一样，当使用的人数超过某个阈值时，系统会负载过度，由此造成的服务等待时间变长、供不应求很容易招致消费者的反感和失望。波特（Porter）早在 1980 年就指出，独特性或排他性能够提升消费者对质量的认知。因为随着产品的日渐流行，品牌的地位和形象可能会被稀释。这也解释了为什么一些企业会刻意强调自己是小众品牌或者主动弱化自己的市场地位。有些企业甚至会通过故意减少供应量、发行限量商品的方式来彰显自己的高质量和独特性。这种做法对于一些自我标榜品味高级的消费者尤其有效。

市场份额提高带来的负面影响可能还体现在消费者满意度上。有学者认为更高的市场份额可能会带来更高的期望，消费者会不自觉地与之前的产品体验进行对比，这使得让消费者满意变得更加困难（Hellofs and Jacobson，1999）。还有实证研究发现，市场份额和消费者满意度之间通常是不相关或者是负相关（Rego，Morgan and Fornell，2013）。通过较长时间的观察，研究者发现在美国消费市场中，市场份额和消费者满意度呈负向相关。虽然不能够通过消费者满意度来预测品牌未来的市场份额，但是较高的市场份额却预示着企业未来消费者满意度的下降。同时，几位学者通过研究发现，消费者偏好的异质性起到了中介作用，因为较高的市场占有率导致了更高的消费者偏好异质性，消费者满意度因而随之下降（Rego et al.，2013）。在这种情况下，推出更多的品牌可以减轻由于消费者偏好的多样化带来的不满意。因此，拥有一个品牌集合似乎可以有效调和市场份额和消费者满意度之间的不平衡关系。还有新近的学术论文指出，负面的网络口碑对领导性品牌的冲击更大，而挑战者品牌却从积极的网络口碑中获益更多（Shin，Hanssens and Kim，2016）。这一发现也再次提醒我们，市场领导者品牌虽然占据了最大的市场份额，但并不是完美无缺的，在享受利益的同时也面临着一定的挑战和风险。

2.1.4 传播领导者定位的研究现状

虽然定位理论在提出后受到了广泛关注和热烈讨论，但是关于定位点和定位点传播的研究却一直比较稀少。品牌在平面广告等传播形式中沟通了哪些定位点、用什么模式和元素沟通，都少有文献支持（曹雯斐，2010）。

本书对传播领导者定位的定义是在营销传播环节突出并且强调品牌是市场领导者的特征。最早提出与传播领导者定位内涵相似营销主张的是里斯和特劳特（1986），他们认为成为第一是进入心智的捷径。要想在消费者心智中留下不可磨灭的信息，首先需要的是“一个未受到其他品牌污染的心智”。而在心智战中，只有进入潜在目标顾客心智中的第一种产品，才能建立起巨大的且在今后不容易被超越的优势。因此，长久以来人们对于定位战略的普遍认识就是，“只有争得第一才是最有效的营销战略”。要想成为领导者，就是要抢先成为第一。根据里斯和特劳特的观点，即便是处于领先地位的公司，推出的新产品如果没有在新品类中争得第一，通常也会败给竞争对手。成为第一是最好的产品定位，应该通过传播强化消费者的认识，让品牌的领导者形象深入人心。

里斯和特劳特在《22条商规》中运用多条法则反复强调了这一点（里斯和特劳特，2003）。在书中，他们接连通过领先法则、类别法则、观念法则和认知法则说明，市场份额很小的品牌与行业巨头竞争的根本要点就是创造一个能够成为“第一”的新品类。如果不能率先进入某个品类，那就应该创造品类成为第一。因为首先进入消费者心智远比首先进入市场更重要。市场营销是认知之战。传播定位、在传播中沟通定位点，就可以让更多消费者对品牌产生认识和偏爱，进而扩大产品销售。许多中国学者也纷纷对争做品类第一的观点表示了认可，认为占据品类领导者的位置就能获得成功。

有研究表明，当消费者把一个品牌当成是领导性品牌或者先进入的品牌，而非市场追随者的时候，对该品牌的评价明显得到了提高。尽管这些品牌可能并不是真正的占据市场份额最大的品牌，消费者也对它们给出了更高的评价（Kamins，Alpert and Perner，2003）。这似乎说明传播领导者定位能够改善消费者的产品态度并提升购买意愿。但是从另一个角度来看，处于长尾之中的利基品牌从不传播领导者定位，只受到一小部分消费者的喜爱，市场渗透率低，消费者重复购买却更多（Kahn et al.，1988）。有许多研究发现，消费者的需求已经越来越个性化，他们渐渐厌倦了大规模、标准化工业流程生产的消费品。在这样的背景下反而是小而美的企业更加能够得到消费者的青睐（Carroll and Swaminathan，2000）。由此可见，传播领导者定位的效果仍然有待研究。

2.2 消费者产品态度的理论背景

2.2.1 消费者产品态度的概念

与消费者心理的许多概念一样，消费者产品态度最初起源于心理学。随着学科的融合，"态度"被引入营销学领域。消费者通过主动和被动的了解与品牌和产品有关的方方面面（包括商标、商店、公司等），并且对产品形成一定的主观认知，这种认知的集合构成了消费者产品态度。

早在1978年，弗里德曼（Freedman）就曾经提出过关于态度的ABC模型（即affect、behaviour tendency、cognition）。他认为态度是一个包含人们认知、情感和行为倾向的系统。一些学者（Baron et al.，1989；Hawkins et al.，2001）也纷纷认可了这一划分方法，认为态度包括情感（affect）、行为倾向（behaviour tendency）和认知（cognition）三个组成部分。其中，情感是与情绪和感觉有关的主观感受，行为倾向是指消费者在多大程度上会产生实际的购买行为，认知是指消费者对品牌的信念。在弗里德曼等学者（1978）的定义下，产品态度的构成中包含了购买的倾向性和可能性，与消费者购买意愿的内涵有重叠。因此，本书把对产品态度的研究重点放在前两个维度，即认知和情感上，认为产品态度是消费者对产品或品牌形成的认知和情感方面的态度。

2.2.2 消费者产品态度的研究现状

消费者的产品态度是后天形成的，而且会随着感知风险等因素的存在而发生变化。一般学者认为消费者产品态度直接影响着购买行为。因此，提高和改变消费者产品态度是品牌规划和营销人员努力的一个重要方向。根据消费者的态度来预测消费行为也成为营销传播和消费心理学的一个重要研究领域。

有关消费者产品态度的学术研究通常与品牌广告密不可分。消费者态度的改变被认为是衡量广告有效性的一个重要标准。有关广告调查投入的资料显示，在 2017 年里有近 100 家企业的广告投入超过了 1 亿元人民币，排名在前几位的大企业一年的广告费接近 50 亿元（单艳红和陈庆荣，2018）。可见企业对广告改变消费者产品态度的期待之大，依赖之深。

消费者产品态度是量化消费心理的一个因变量。是营销科学和管理科学工程等领域的一个常见变量。绝大多数关于产品态度的研究都是关于消费者产品态度的影响因素和这些影响因素产生作用的机制。

2.2.3 消费者产品态度的影响因素

消费者心理领域关于消费者产品态度的研究成果丰硕，通过回顾文献，不难发现影响消费者产品态度的因素也是多种多样的。

消费者的个体特征是对消费者产品态度产生影响的重要因素之一。消费者产品态度的最终形成离不开消费者自身的加工，作为参与者和评价者，消费者特征必然会影响到产品态度。

消费者与产品或品牌之间的特殊联系，对产品或服务的需要、购买动机和个人特质等因素都会影响产品态度。例如，消费者的怀旧倾向对品牌依恋和品牌偏好有正向影响（Holbrook and Schindler，1989）。独特性需求较高的消费者渴望拥有独特的产品，对具有独特性设计和稀缺的产品更加偏爱（Snyder，1992；Simonson and Nowlis，2000）。产品态度带有相当的主观色彩，消费者对产品的态度和评价也受到社会文化、消费群体、营销实践的共同塑造（Arsel and Bean，2013）。消费者所处的年龄阶段、性别、职业、收入、受教育程度、个人兴趣和所在文化环境的不同，造就了丰富多样的品味（taste）和消费文化。这在许多关于消费文化的质性研究中都有所体现（Holt，1998；Arnould and Thompson，2005）。

产品和品牌本身乃至企业自身的特征对消费者的产品态度也有不容忽视的影响。例如，有研究发现，消费者在面对极其可爱的产品时，会更容易放纵自己任性消费（Nenkov and Scott，2014）。而与产品密切相关的企业属性特征也非常重要，有研究发现网络店铺的实用性和享乐性会对消费者的态度产生显著影响，其中愉快和唤起情感起到了一定的中介作用（武瑞娟和王承璐，2019）。

产品的工艺、材料、外观形态、包装（Newman et al.，2016）、品牌名称、品牌标志（Janiszewski and Meyvis，2001；Fajardo et al.，2016；Jiang et al.，2016）等因素都会以不同的方式影响消费者的产品态度。由于消费者的产品态度是一个相对主观的心理概念，因此并不是完全理性的。许多研究都佐证了这一观点，如 2004 年的一项研究中就详细分析了一个容器的形状如何影响消费者对于产品容量的判断（Folkes and Matta，2004）。

许多特征对消费者产品态度的影响都是错综复杂的。例如，产品的颜色、口味、形状等都是影响消费者态度的因素，但只有当这些因素与消费者的特质和需求互相匹配时，消费者的产品态度才会提升。在许多情况下，产品特征对消费者产品态度的影响受到消费者个人特质的调节。有学者通过研究发现，网站的生动性和互动性都能正向影响消费者的产品态度，但是这种关系受到消费者认知需求的影响。低认知需求的消费者更在意网站的生动性；高认知需求的消费者对网站互动性的要求更高（范晓屏等，2013）。还有学者发现，具有不同自我构念的个体由于在独特性需求上存在显著差异，进而产生了对多角和圆润品牌标识形状的偏好差异。研究通过四个实验证明，独立型自我构念的消费者由于独特性需求更高，更喜欢形状为多角的品牌标识而非圆润的品牌标识，但是这样的效应只在公开产品购买情境中存在（王海忠、范孝雯、欧阳建颖，2017）。许多影响因素的存在都有严格的限定条件，例如，有学者在 2008 年提出，对于那些对品牌没有强烈偏好的消费者来说，评价性的条件反射会影响消费者对成熟品牌的潜在态度（Gibson，2008）。

广义的产品要素里也包含服务要素。有研究发现，虽然许多消费者抱怨在奢侈品商店里受到了拒绝、轻视和白眼，但这种傲慢的服务似乎并没有降低消费者对奢侈品牌的热情。2014 年的一项研究证明，在一定的限制条件下，遭到服务员冷遇的消费者反而对该品牌抱有更积极的产品态度和购买意愿（Ward，Morgan，Dahl，Darren，2014）。

许多情境要素（context）也被认为会影响消费者对产品的态度和评价。例如，有研究发现，父母在为孩子选择圣诞节礼物时，对具有享乐性元素的流行品牌评价较低（Clarke and Mcauley，2010）。还有针对赠礼情境的研究认为赠礼者和收礼者的时尚地位和自我构念水平会对消费者的品牌偏好产生影响（张喆和张知为，2013）。还有学者发现自我威胁情境下的控制感也会导致消费者在产品选择上表现出不同的偏好（赵太阳，2018）。

2.2.4 传播领导者定位对消费者产品态度的影响

从消费者视角研究传播定位点影响的文献相对较少。虽然有以里斯和特劳特为代表的一批学者提出争夺品类第一，传播领导者形象可以影响消费者心智，但他们并没有清楚地解释传播领导者定位对消费者产品态度的影响。定位点传播属于营销传播要素的研究范围，因此可以借鉴传播要素对消费者产品态度的影响路径来构建符合本书研究问题的理论框架。

许多研究都证实了品牌传播在影响消费者产品态度方面发挥的作用。品牌传播是品牌通过多种形式和渠道向消费者传递信息的集合。根据影响层级模型（hierarchy-of-effects）的描述，信息通过几个不同的层次对消费者产生影响，产生的效果分别体现在认知效果、情感效果等层面。认知效果层面是指传播使得消费者对广告中的信息能够产生认知、再认和回忆；从情感效果层面上来看，不同的传播内容会影响消费者的品牌接受度和偏好。在品牌态度上体现为喜欢、满意和愉快等情绪化行为的差异。

关于营销传播和产品态度的关系，有学者认为消费者的品牌记忆与品牌态度之间并没有可靠的相关关系（Auty and Lewis，2010）。研究表明，广告的出现本身就会改变消费者对产品的态度。很多消费者观看了植入式的广告之后，对广告中产品的态度都发生了变化。2007 年也有学者有类似的发现（Van Reijmersdal et al.，2007）。这也解释了为什么一些品牌可以通过疯狂打广告的传播方式在短期内成功打开市场。

还有许多实证研究表明，广告吸引力、产品价值、广告性质等因素与消费者态度的改变密切相关（Maoz and Tybout，2002）。这种关系受到消费者个体特征的影响，工作记忆就是其中的一种（Christopher and Alley，2016；单艳红和陈庆荣，2018）。传播领导者定位属于传播内容的一种，因此可以推测品牌传播领导者定位能够对消费者的产品态度产生影响，但这种影响很可能受到消费者的个体特征等因素的调节。具体的影响需要分情况讨论和进一步探索。

表 2－1 总结了在本节中回顾的消费者产品态度影响要素。针对影响要素所属的类别进行了简单分类之后可以发现，消费者产品态度的影响因素主要可以归类到消费者特质、产品/品牌特征和消费情境三个类别。从现有文献来看，通常是两个或两个以上的因素共同对消费者产品态度产生影响，不同影响因素之间存在一定的联系和交互，对产品态度发挥作用的机制也比较复杂。传播领导者定位属于营销要素中的传播范畴。因此，从研究问题出发，本节重点回顾了营销传播要素对消费者产品态度的影响，希望能够借鉴前人的研究经验，结合其他要素对消费者产品态度的影响路径，构建符合本书研究问题的理论框架。

表 2 - 1 消费者产品态度影响要素的文献回顾

学者	影响要素	类别	具体内容
霍尔布鲁克和辛德勒（Holbrook and Schindler，1989）	怀旧倾向	消费者特质	消费者的怀旧倾向对品牌依恋和品牌偏好有正向影响
斯奈德、西蒙森和诺里斯（Snyder，1992；Simonson and Nowlis，2000）	消费者独特性需求	消费者特质	独特性需求较高的消费者渴望拥有独特的产品，对具有独特性设计和稀缺的产品更加偏爱
阿瑟尔和比恩（Arsel and Bean，2013）	社会文化、营销实践等	消费者文化	消费文化对产品态度有塑造作用
武瑞娟和王承璐，2019	网络店铺的实用性和享乐性	企业特征	网络店铺的实用性和享乐性都会显著影响消费者的态度，其中愉快和唤起情感是中介变量
能科夫和斯科特（Nenkov and Scott，2014）	可爱的属性	产品特征	消费者更偏爱可爱的产品
福克斯和玛塔（Folkes and Matta，2004）；纽曼等（Newman et al.，2016）	产品包装、容器形状	产品特征	包装对消费者对产品的评价和认知有一定的影响
尼舍夫斯基和梅维斯（Janiszewski and Meyvis，2001）；法哈多等(Fajardo et al.，2016)；姜等（Jiang et al.，2016）	品牌标志	产品特征	品牌标志的设计会影响消费者对品牌的认知和判断
范晓屏等，2013	生动性、互动性、消费者认知需求	产品特征、消费者特质	网站的生动性和互动性都能正向影响消费者的产品态度，但是这种关系受到消费者认知需求的影响
王海忠等，2017	自我构念、独特性需求、消费情境	消费者特质、消费情景	在公开消费场景中，不同自我构念水平的消费者对品牌标识形状的偏好不同

续表

学者	影响要素	类别	具体内容
吉布森等（Gibson，2008）	评价性反射条件	消费者特质、评价条件	对于那些对品牌没有强烈偏好的消费者来说，评价性的条件反射会影响消费者对成熟品牌的潜在态度
沃德和达尔（Ward and Dahl，2014）	店铺服务	产品（服务）特征	在一定的限制条件下，遭到服务员冷遇的消费者反而对该品牌抱有更积极的产品态度和购买意愿
克拉克和麦考利（Clark and Mcauley，2010）	赠礼情境	消费情境	父母为孩子选择圣诞节礼物时对具有享乐性元素的流行品牌评价较低
张喆和张知为，2013	赠礼情境、时尚地位等	消费情境、消费者特质	赠礼者和收礼者的时尚地位与自我构念水平会对消费者的品牌偏好产生影响
赵太阳，2018	自我威胁情境、控制感等	消费情境	自我威胁情境下控制感会影响消费者在产品选择上的偏好
巴里（Barry，1987）	广告传播	品牌传播	信息能够影响消费者的认知效果和情感效果
万·瑞吉莫斯德尔、内金斯和斯米特（Van Reijmersdal，Neijens and Simt，2007）；奥蒂和路易斯（Auty and Lewis，2010）	广告传播	品牌传播	不论消费者品牌回忆是否随之增强，品牌信息的传播都能够提高消费者的产品态度
周南、黄敏学、王殿文，2014	植入式广告	品牌传播、信息处理	感知信息处理流畅性影响消费者对植入式广告中品牌的态度，影响呈现先升后降的倒“U”型
毛兹和蒂博特（Maoz and Tybout，2002）；克里斯托弗和阿利（Christopher and Alley，2016）	广告吸引力、产品价值、广告性质、工作记忆	品牌传播、消费者特质	广告吸引力、产品价值、广告性质等因素与消费者态度的改变密切相关，这种关系也受到工作记忆等消费者个体特征的影响

2.3 消费者购买意愿的理论背景

2.3.1 消费者购买意愿的概念

“意愿”的起源与“态度”类似，最早来源于心理学。1975 年，有学者提出意愿是一个人从事特定行为的主观概率和行为意向（Fishbein and Ajzen，1975）。意愿被引入营销领域用作消费者行为研究之后，许多学者都从不同角度界定了消费者购买意愿。

从意愿的概念起源出发，一些研究者认为购买意愿是消费者的一种心理活动。早期研究学者对购买意愿内涵的解读众说纷纭。有学者认为购买意愿是消费者经过内外信息匹配之后形成的是否会购买的态度（Mullet and Karson，1985）。另有学者认为购买意愿中的意愿不是态度，而是一种购物动机，表达了消费者为达成购买而愿意付出的努力（Eagly and Chaiken，1993）。有学者的观点兼容了以上两种看法，他们认为消费者的购买意愿是主观和客观两个方面的综合反映（Dodds et al.，1991）。购买意愿既能够体现消费者对产品和服务所抱持的态度，也可以反映产生实际购买行为的概率（辛欣，2018）。

购买意愿是消费者购买产品可能性的观点得到了许多学者的认同（韩睿和田志龙，2005；Schiffman and Kanuk，2010）。与此同时，一些学者还指出购买意愿是真实购买行为发生之前的必然阶段（Ajzen and Driver，1992），是购买行为的前奏（冯建英等，2006），可以通过购买意愿来预测消费者的购买行为（Ajzen and Driver，1992）。

综上所述，购买意愿描述的是消费者主观上购买某种产品（或服务）的意向。消费者的购买意愿越强说明消费者越愿意购买这种产品。购买意愿对实际购买行为具有指示作用，消费者购买意愿越强，购买该产品或服务的可能性也就越大。

2.3.2 消费者购买意愿的研究现状

有几种理论模型可以解释消费者购买意愿。一是 1975 年有学者提出的理性行为理论（theory of reasoned action，TRA）（Fishhei and Ajzen，1975）。模型认为，消费者的行为是由意愿决定的，意愿是由态度和规范共同决定的。该理论认为消费者是完全理性的，忽略了其他感性因素对消费者行为的影响。因此在理性行为理论的基础上又有人增加了“感知行为控制”这一影响行为意愿的变量，提出了计划行为理论（theory of multiattribute attitude，TRB），对行为的预测突破了完全理性的假设。计划行为理论认为，行为态度、主观规范和感知行为控制是影响行为意愿的三个决定性因素，人的行为是深思熟虑之后计划的结果。

有研究认为，两种模型虽然可以解释行为意愿中50%左右的差异，但对行为的预测力却并不理想。这也使得一些学者对理性行为理论和计划行为理论是否能解释行为意愿导致行为的过程产生了质疑（Bagozzi，1992；Eagly and Chaiken，1993）。还有人提出，虽然这两种模型捕捉到了意愿的差异，但是对行为的解释方差并不尽如人意。

1988年有学者把消费者购买意愿按照方向分成了正向意愿和负向意愿（Zeithaml，1988），认为购买意愿是消费者对企业所提供产品态度的反映。如果消费者对产品或服务的购买意愿是正向的，就表明消费者对该产品或服务存在偏爱和好感，购买的可能性更大，购买的数量可能更多；反之则反。

2.3.3 消费者购买意愿的影响因素

消费者的购买意愿代表着消费者对购买某种产品（或服务）的意愿倾向，标志着发生购买行为的可能性。购买意愿在消费者认知、决策和行为研究中占有重要的地位，是消费者行为领域最常见的变量之一。从前人的研究成果来看，消费者的购买意愿并不是一成不变的，购买意愿的变化与许多因素有着密切的关联。

消费者的个体特征是影响购买意愿的一个重要因素。消费者的年龄、性别、职业、收入、受教育程度等个体差异都会对购买意愿产生不同程度的影响。举例说明，相比于具有依赖型自我构念的消费者，具有独立型自我构念的消费者更容易冲动购买（Zhang and Shrum，2009）。建立在文化共享和社会体验的基础上，怀旧倾向、品牌依恋对消费者的购买行为有正向影响（Bouhlel et al.，2009；Belaid，Temessek Behi，2011；孙明贵，2015）。还有研究表明，消费者努力程度对购买意愿也有显著的影响，负罪感的变化是导致这一影响的内在原因。相对于实用品，努力对于人们对享乐品购买意愿的影响更大（童璐琼等，2011）。这也解释了为什么在做营销研究时有必要充分了解目标市场，并进一步细分目标市场，精选目标顾客。

产品特征对消费者的购买意愿也有不容忽视的影响。产品特征是决定消费者是否购买的一个重要依据。产品的工艺、材料、外观形态、包装、品牌名称等因素都会以不同的方式影响消费者的购买意愿。在信息不对称的情况下，消费者通常以产品特征为依据，对产品的品质做出判断。产品特征对消费者购买意愿的影响是比较复杂的。举例说明，产品的味道、质地、成分、型号等都可能影响消费者的购买意愿。但这种影响并不是一定的。因为消费者的需求和偏好是多种多样的，只有这些产品属性能够与消费者的需求匹配时，消费者才会愿意购买。因此，产品特征对消费者购买意愿的影响与个人特质有关。

结合方方面面的产品特征，消费者会对产品或品牌的整体产生一种综合的观感。有学者尝试用感知价值来描述消费者对产品综合特征产生的判断。相对于产品的具体特征，感知价值具有一定的普适性，被认为是影响消费者购买意愿的一个重要维度。有研究模型提出，感知价值对消费者的购买意愿有正向影响（Zeithaml，1988）。还有人认为消费者的购买意愿是由感知利益和感知成本之间的差异决定的。如果感知所获得的利益大于感知将付出的成本，那么消费者就具备了购买这个产品的激励，从而产生正向的购买意愿（Dodds et al.，1991）。

价格是消费者购买时需要花费的现金成本，从理论上讲，价格越高愿意购买的消费者就越少，但与此同时价格也是一种信号，对消费者的预期有一定的影响。价格高往往代表着品质可靠，产品稀有珍贵，这种线索通常会提高消费者的购买意愿。另外，促销方式也被证明会显著影响消费者的购买意愿（施卓敏等，2013；辛欣，2018）。施卓敏等（2013）发现，消极促销框架比积极促销框架对消费者网上购买意愿的影响更大。消费者的调节定向特质和价格高低起到了调节作用。

营销要素中的渠道也会影响消费者购买意愿。有研究表明，消费者的购买决策会随着所处环境的变化而变化。商店的设计、周边环境、店内氛围等都是不可忽略的要素（庄贵军等，2004；汪旭晖，2008）。

另外，脱离消费者和品牌特征之外的一些因素也被证明会影响消费者的购买意愿，如产品口碑、在线评论都是近些年来被反复研究的主题。随着电子商务的兴起，消费者开始有更多的渠道了解他人对产品的评价。目前关于在线评论对消费者购买意愿影响的研究涉及了在线评论的来源、特征（评论数量、评分评级）和个体特征等几个方面。

许多学者都认为在线评论对消费者购买意愿具有显著影响，积极评论对购买意愿的影响方向为正（Senecal and Nantel，2004；Kumar and Benbasat，2006；Cui et al.，2012）。关于正面评论和负面评论哪个对消费者影响更大，存在一定的争论。一些学者认为正面评论影响力比负面评论的影响力更大（Gershoff，Mukherjee and Mukhopadhyay，2003；East，Hammond and Wright，2007）；另一些学者则认为负面评论的影响力更大，因为负面评论摧毁的是消费者对产品乃至品牌的信任，进而降低了消费者的购买意愿。另一个角度的反驳是，负面信息相比于正面信息更容易引起人们的注意，因此会造成更大的影响（Bambauer-Sachse and Mangold，2011）。

消费者对大众口碑和评论的反映也是因人而异的，也就是说口碑对购买意愿的影响受到消费者自身特质的调节。有研究发现，独特性需求较高的消费者很少跟随主流观念，口碑和评论对他们的影响并不是很大（Simonson et al.，2001）。但刘红艳（2014）认为，当接收到信息含量较低的负面口碑时，具有较高独特性需求的消费者受到的影响要比接触到正面口碑的影响更大。

许多以消费者购买意愿为因变量的研究是与消费情境密切相关的。如在赠礼情景下，一些因素被认为会对消费者的购买意愿产生影响。有学者认为消费者对于产品的购买意愿是中国传统文化价值观与赠礼者和收礼者形象共同发挥作用的结果（Liu et al.，2010）。购物情境因素也会影响消费者的购买意愿。例如，当消费者身处异地时，文化差异和时间压力等因素会导致强烈的冲动性购买意愿（李志飞，2007）。结伴购物情境下，消费者的情绪和意志力都会受到影响，最终导致购买意愿的变化（王艳芝、姚唐、卢宏亮，2018）。消费者的自我概念受到威胁时，对体验消费和实物消费的购买意愿也有所不同（段梦等，2018）。

除了以上提及的微观层面的影响因素之外，社会经济因素也是影响消费者购买意愿的重要变量。经济学家通常从宏观经济角度来解释消费者的购买意愿。他们认为消费者总的购买意愿不仅受物价等因素的影响，还受到当期收入和对未来预期支配的影响，即期收入增长和预期收入下降都会降低购买意愿。

2.3.4 传播领导者定位对消费者购买意愿的影响

许多传播领导者定位的提倡者认为争夺品类第一可以通过影响消费者心智来占领市场。但影响市场份额的因素是多种多样的，并不能直接说明传播领导者定位就一定能提高消费者的购买意愿。传播领导者定位是品牌传播问题，因此可以借鉴传播要素对消费者购买意愿的影响路径为本书的研究寻找理论支撑。

在影响层次模型中，有人提出信息对消费者影响的其中一个层面就是意动效果层面，表现为广告等信息影响了消费者的购买意愿乃至购买行为。具有独立型自我构念的消费者更偏好趋利诉求的广告，而具有依赖型自我构念的人则更容易受到避害性诉求广告的吸引（张红霞等，2013）。还有研究认为，广告类型会影响消费者的购买意愿。相对于自我构念为依存型的消费者来说，想象型的广告能够显著提高具有独立型自我构念消费者的购买意愿。这种调节作用不会因广告场景变化而有差异。对于具有独立型自我构念的消费者来说，想象型广告对购买意愿的影响不受广告说服强弱的影响。只有强说服的想象广告才能提高依存型自我构念者的购买意愿（姚卿、陈荣、赵平，2010）。这也说明研究传播领导者定位对消费者购买意愿的作用需要分析对不同类型消费者的影响。

还有一些研究挖掘了不同形式的传播对消费者购买意愿的影响。例如，在线图片的呈现顺序被认为会影响消费者的购买意愿。从信息处理模式的视角研究发现，在搜索品中先呈现产品图片，再呈现模特图片时，消费者会表现出更强的购买意愿，而在体验品中结果刚好与之相反（黄静等，2016）。除了在线图片的呈现顺序之外，孟陆等人 2017 年的研究成果表明，创新产品类别与整体（局部）呈现顺序的匹配能够提升广告的吸引力，进而增强消费者的购买意愿。苏晶蕾等（2016）通过研究在线产品展示情境，验证了感觉线索对消费者购买意愿的影响。与搜索品相比，消费者对体验品的心象唤醒导致更高的购买意愿。还有学者基于感知稀缺性的中介作用，发现了广告信息框架对虚位产品消费者购买意愿的影响（李东进等，2015）。

本节梳理了有关消费者购买意愿的理论背景。首先，回顾了消费者购买意愿的起源和概念，之后梳理了与消费者购买意愿有关的研究现状。通过归纳影响消费者购买意愿要素的所属类别可以发现，影响消费者购买意愿的因素主要来自消费者特质、产品（企业）特征、口碑以及消费情境等几个方面。和产品态度类似，这些影响因素通常情况下都不是单独存在并产生作用的，几个影响因素之间存在一定的理论联系，通过一定的机制影响消费者购买意愿。

表 2 - 2 和表 2 - 3 呈现的是与消费者购买意愿影响要素相关的文献回顾。在众多要素中，研究最为关注的是品牌传播对消费者购买意愿的影响。这是因为传播领导者定位属于营销传播的研究领域，期待能够通过梳理品牌传播对消费者购买意愿的影响路径为本书的研究提供方向和指引。

表2－2　　消费者购买意愿影响要素的文献回顾

学者	影响要素	类别	说明
童璐琼等，2011	努力程度	消费者特质	消费者努力程度对购买意愿影响显著，负罪感的变化是导致这一影响的内在原因。与实用品相比，努力对于人们对享乐品购买意愿的影响更大
博莱尔等（Bouhlel et al.，2009）；贝莱德、泰梅塞克·贝尼（Belaid，Temessek Behi，2011）；孙明贵，2015	怀旧心理、品牌依恋	消费者特质	建立在文化共享和社会体验的基础上，怀旧倾向、品牌依恋对消费者的购买意愿和行为有正向影响
斯奈德（Snyder，1992）；西蒙森和诺里斯（Simonson and Nowlis，2000）	独特性需求	消费者特质	独特性需求较高的消费者偏爱独特的产品
蔡特哈姆尔（Zeithaml，1988）	感知价值	消费者心理	感知价值正向影响购买意愿
多兹等（Dodds et al.，1991）	感知收益、感知成本	消费者心理	感知收益和感知成本的差异共同影响消费者购买意愿
张和施勒姆（Zhang and Shrum，2009）	自我构念水平	消费者特质	相比于具有依赖型自我构念的消费者，具有独立型自我构念的消费者更容易冲动购买
庄贵军等，2004；汪旭晖，2008	店铺环境	产品/品牌特征	消费者的购买决策会随着所处环境的变化而变化，商店的设计、周边环境、店内氛围等都是不可忽略的要素
施耐克尔和纳特尔（Senecal and Nantel，2004）；库马尔和本巴萨特（Kumar and Benbasat，2006）；崔等（Cui et al.，2012）	在线评论	网络口碑	在线评论对消费者购买意愿具有显著影响，积极评论对购买意愿的影响方向为正
格肖夫、慕克吉和穆霍帕迪亚（Gershoff，Mukherjee and Mukhopadhyay，2003）；伊斯特、哈蒙德和赖特（East，Hammond and Wright，2007）	在线评论的方向	网络口碑	正面口碑对消费者购买意愿影响力更大

续表

学者	影响要素	类别	说明
巴布尔－萨赫斯和曼戈尔德（Bambauer-Sachse and Mangold，2011）	在线评论的方向	网络口碑	负面口碑对消费者购买意愿破坏力更大
西蒙森等（Simonson et al.，2001）	口碑、独特性需求	口碑、消费者特质	高独特性需求的消费者不喜欢跟随主流观念，因此比较不容易受大众口碑的影响
刘红艳，2014	口碑、独特性需求	口碑、消费者特质	与正面口碑相比，低信息含量的负面口碑对独特性需求较高的消费者决策影响更大
郭国庆、杨学成、张杨，2007	口碑、关系强度等	口碑、信息处理	口碑影响消费者购买倾向，关系强度等要素发挥调节作用
段梦等，2018	自我概念受到威胁	消费情境	消费者自我概念受到威胁时，对体验消费和实物消费的购买意愿也不同
刘等（Liu et al.，2010）	赠礼情境，文化价值观	消费情境，文化因素	消费者对于产品的购买意愿是中国传统文化价值观与赠礼者和收礼者形象共同发挥作用的结果
王艳芝、姚唐、卢宏亮，2018	结伴购物情境	消费情境	结伴购物情境下，消费者的情绪和意志力都会受到影响，最终导致购买意愿的变化
李志飞，2007	异地情境	消费情境	当消费者身处异地时，文化差异和时间压力等因素会导致强烈的冲动性购买意愿

表2－3　消费者购买意愿影响要素（品牌传播）的文献回顾

学者	影响要素	类别	说明
巴里（Barry，1987）	广告传播	品牌传播	信息能够影响消费者的意动效果
张红霞等，2013	广告传播、自我构念	品牌传播、消费者特质	具有独立型自我构念的消费者更偏好趋利诉求的广告，而具有依赖型自我构念的人则更容易受到避害性诉求广告的吸引

续表

学者	影响要素	类别	说明
黄静等，2016	图片呈现顺序、产品类型	品牌传播、产品特征	在线图片呈现顺序影响消费者购买意愿，在搜索品中，先呈现产品图片后呈现模特图片时，消费者购买意愿更强，在体验品中结果刚好相反
孟陆等，2017	呈现顺序（整体/局部）	品牌传播、消费者心理	创新产品类别与整体（局部）呈现顺序的匹配能够提升广告的吸引力，进而增强消费者购买意愿
姚卿等，2010	广告类型（想象广告）、广告说服强度、自我构念	品牌传播、消费者特质	广告类型会影响消费者购买意愿，想象型的广告能够显著提高独立型自我构念消费者的购买意愿。对于具有独立型自我构念的消费者来说，想象型广告对消费者购买意愿的影响不受广告说服强弱的影响，但只有强说服的想象广告能够提高依存型自我构念者的购买意愿
苏晶蕾等，2016	感觉线索、产品类型、心象唤醒	品牌传播、消费者心理、产品类型	在网上产品展示情境下，与搜索品相比，消费者对体验品的心象唤醒导致了更高的购买意愿
李东进等，2015	广告信息框架、感知稀缺性	品牌传播、消费者心理	基于感知稀缺性的中介作用，发现了广告信息框架对虚位产品消费者购买意愿的影响

2.4 本章小结

综合以上文献回顾可以发现，在对消费者心理和行为的研究中，消费者产品态度和购买意愿是两个非常重要的概念。在过往研究中有许多因素被证明对消费者产品态度和消费者购买意愿产生了影响。结合前面梳理的文献，笔者尝试构建了一个消费者产品态度和购买意愿的影响因素模型（见图2-1）。在图2-1中实线箭头表示已有文献证明方框中的变量对指示方向的变量（消费者产品态度或消费者购买意愿）产生了影响，虚线箭头表示方框中的所有变量或至少一部分变量对箭头指向的变量产生了影响。

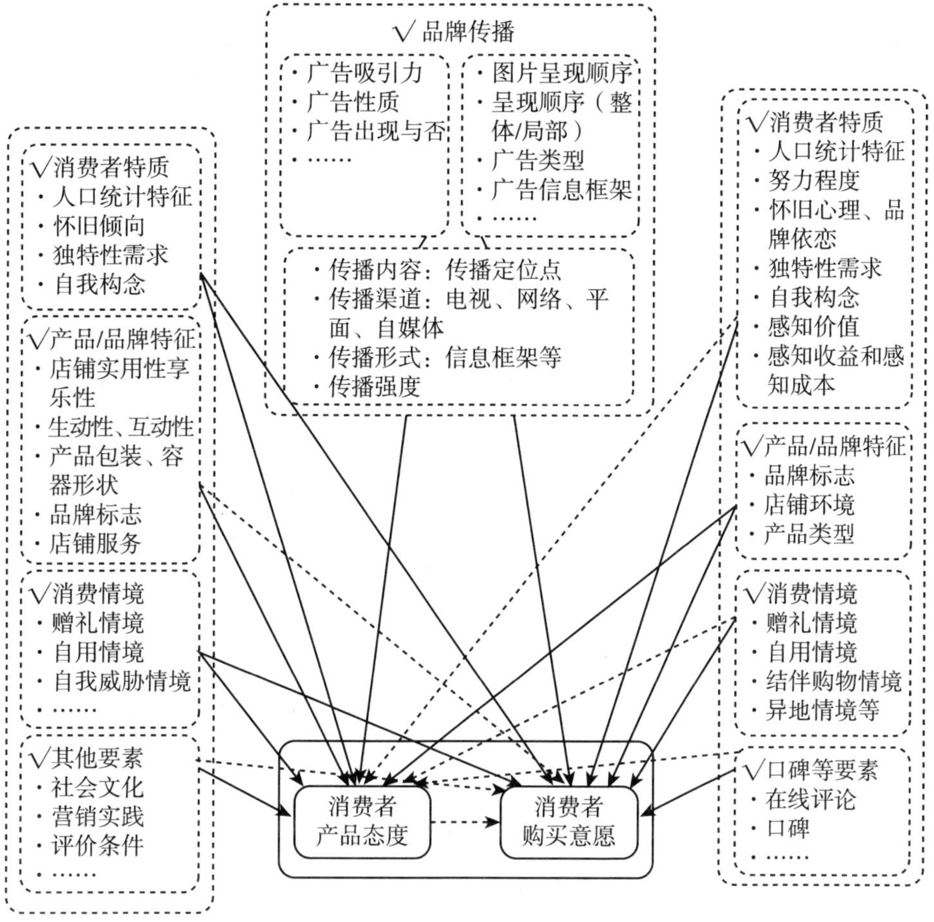

图 2-1　消费者产品态度和购买意愿的影响因素模型

品牌传播是对消费者产品态度和购买意愿产生影响的一个重要因素。有研究指出，传播内容（content strategy）、传播投入（expenditure）以及消费者行为（consumer behavior）是影响品牌传播的几个重要方面，而品牌传播会对消费者产品态度和购买意愿产生一定的影响（Van，2009）。

通过对文献的回顾和总结可以发现，品牌传播对消费者产品态度和购买意愿的影响通常受到其他因素的调节。因此，在现有研究的基础上可以尝试构建品牌传播对消费者产品态度和购买意愿的影响模型（见图 2-2）。现有理论认为，品牌传播对消费者产品态度和购买意愿都会产生一定的影响。但是这种影响可能受到多种因素的调节。结合前人的研究经验，消费者特质、产品/品牌特征、消费情境等因素都可能直接影响消费者的产品态度和购买意愿，但也有可能作为调节变量影响品牌传播对消费者产品态度和购买意愿的作用路径。在图 2－2 中，虚线箭头表示方框中的因素可能调节了品牌传播与消费者产品态度和消费者购买意愿之间的关系。举例说明，品牌传播内容会对消费者产品态度产生影响，但这一影响路径可能受到消费者特质的调节。对于相同的传播内容，具有不同自我构念水平的消费者可能产生不同的产品态度。

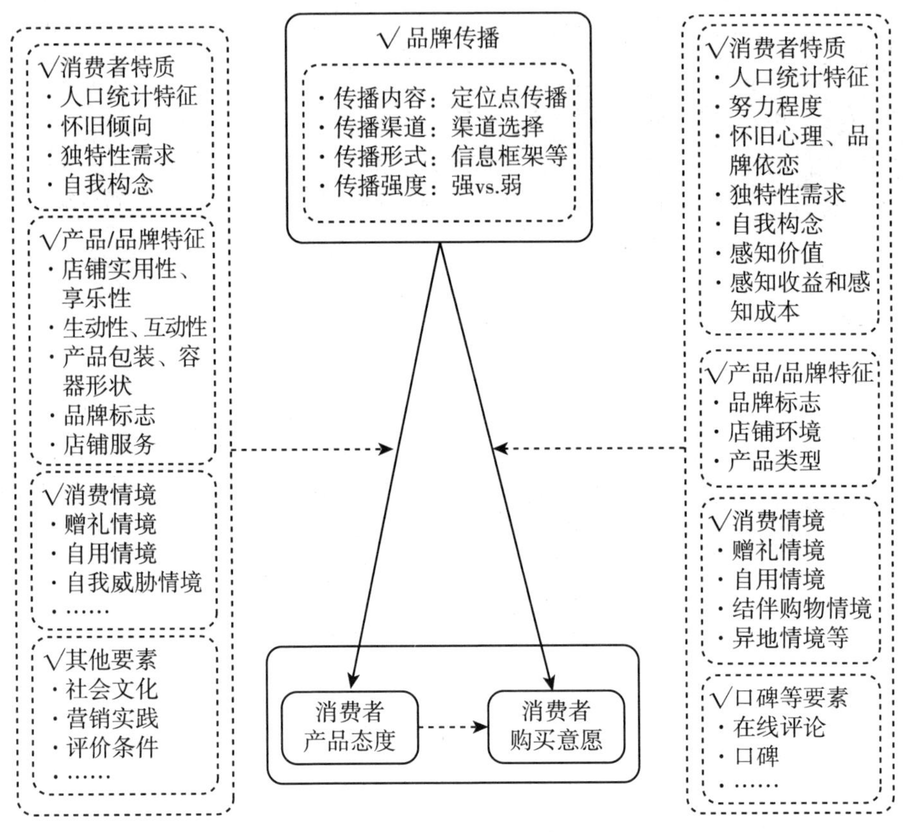

图 2－2　品牌传播对消费者产品态度和购买意愿的影响模型

本书研究的核心问题是传播领导者定位对消费者产品态度和购买意愿的影响。通过回顾传播领导者定位的研究现状可以发现，还没有基于消费者视角对于传播领导者定位效果的研究。传播领导者定位属于品牌传播内容的范畴，因此可以对图 2－2 的模型进行精简，尝试建立一个传播领导者定位对消费者产品态度和购买意愿影响的理论框架（见图 2－3）。

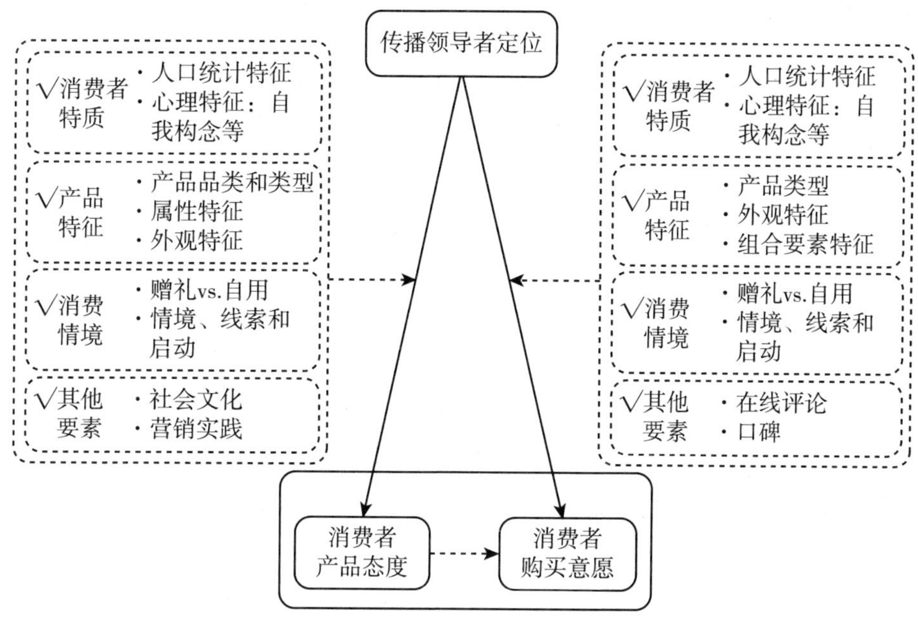

图 2-3　传播领导者定位对消费者产品态度和购买意愿影响的理论框架

传播领导者定位属于品牌传播的一种，因此传播领导者定位应该也会对消费者产品态度和购买意愿产生影响。这种影响一样可能受到其他因素的调节。消费者特质、产品/品牌特征、消费情境等都有可能调节传播领导者定位与消费者产品态度和购买意愿之间的关系。在图 2-3 中，使用虚线箭头来指示这种调节作用。品牌传播领导者定位可能通过中间虚线方框中的各类影响因素对消费者产品态度和购买意愿产生影响。举例说明，已有研究证明，消费者的自我构念水平是影响消费者购买意愿的因素，自我构念水平不同的消费者对相同产品的购买意愿也不同。那么在研究传播领导者定位对消费者购买意愿的影响时，就需要考虑到自我构念水平产生的影响，研究传播领导者定位对具有不同自我构念水平的消费者的产品态度和购买意愿的影响。

第3章

传播领导者定位对消费者产品态度和购买意愿影响的探索性研究

本章在回顾文献和现有理论的基础上，通过两个探索性研究探究传播领导者定位对消费者产品态度和购买意愿的影响，以及在影响路径中发挥作用的影响因素。

第2章已经通过文献回顾基于现有理论初步构建了一个传播领导者定位对消费者产品态度和购买意愿影响的理论框架。但是该框架中涉及的构念较多，研究范围不够聚焦，而且理论框架是通过现有文献归纳得出的，并不一定完全适用于本书提出的研究问题。因此在研究的早期阶段，需要在理论框架的指导下，对研究问题进行探索性的研究。探索性研究可以获得丰富的研究发现并对理论框架进行检验和修正，在聚焦研究范围的同时可以明确下一步的研究方向。

3.1 质性研究

3.1.1 问题界定

为了更好地获得消费者视角的数据，第一个探索性研究计划采用质性研究的方法，通过深度访谈的方式了解消费者对传播领导者定位有怎样的认知，传播领导者定位对消费者产品态度和购买意愿有怎样的影响。具体而言，质性研究将解决以下三个问题：（1）探究消费者对品牌传播领导者定位的认识和评价；（2）探索品牌传播领导者定位对消费者产品态度的影响和原因；（3）探索品牌传播领导者定位对消费者购买意愿的影响和原因。研究问题和问题所属的研究层次如表3-1所示。

表 3-1 质性研究的研究问题

序号	研究问题	研究层次
1	消费者对品牌传播领导者定位的认识和评价	是什么
2	品牌传播领导者定位对消费者产品态度的影响和原因	是什么、为什么
3	品牌传播领导者定位对消费者购买意愿的影响和原因	是什么、为什么

希望通过回答三个层面的问题，了解消费者对传播领导者定位的认知和评价，初步挖掘传播领导者定位对消费者产品态度和购买意愿的影响，以及产生影响的原因和机制。

3.1.2 研究方法

1. 方法选择

在研究的早期阶段，由实证研究得出的结论通常由于缺乏理论指导而欠缺说服力（Parkhe，1993）。质性研究的方法适用于深入分析一些复杂或还没有被充分研究的问题（Yin，1994）。因为相关理论并不能很好地解释本书想要回答的研究问题，所以在当前的研究阶段更适合采用深度访谈的方式。

质性研究采用半结构式的访谈（semi-structured depth interview）挖掘品牌传播市场领导者定位对消费者产生的影响，研究设计符合深度访谈特征（Wengraf，2001）。这种基于学术研究的访谈可以帮助了解消费者对品牌传播领导者定位的认识和评价，了解品牌传播领导者定位对消费者产品态度和购买意愿的影响以及产生这种影响的内在原因。访谈是一种面对面的对话交流，在访谈过程中可以根据访谈对象的反馈不断改进访谈问题，深入事实真相，发现新的内容，最终获得有深度的研究成果。

2. 访谈设计

作为探索性研究，访谈的主要目的是了解消费者对品牌传播领导者定位的认知和评价等一些主观看法，以及传播领导者定位对消费者产品态度和购买意愿产生影响的原因和机制。此外，笔者还希望通过深入访谈和观察，发现其他有价值的研究结论。研究层次和具体对应的访谈问题设计如表 3-2 所示。

表 3-2　　深度访谈问题设计

层次	具体问题
一、消费者对品牌传播领导者定位的认识和评价	1. 你能回想起哪些自称是“市场领导者”的产品或品牌？你看到过类似的广告吗？
	2. 你对这一类型的广告有什么看法？相信吗？欣赏吗？认同吗？
	3. 在你看来，品牌把自己包装成某一品类的市场领导者，并积极向消费者传播是行之有效的方法吗？为什么？
二、品牌传播领导者定位对消费者产品态度的影响和原因	1. 你如何看待品牌积极传播自己是某一品类领导者的行为？
	2. 品牌传播领导者定位会影响你对该产品/品牌的态度吗？为什么？
三、品牌传播领导者定位对消费者购买意愿的影响和原因	1. 品牌传播领导者定位会影响你对该产品/品牌的购买意愿吗？为什么？
	2. 在什么样的产品类别/情境下你倾向于选择“领导者”品牌？
	3. 你曾经购买过自称是“领导者”的产品吗？购买决策是否受到了营销传播的影响？讲述一下你的购买过程、决策过程，以及你对这个产品/品牌的认识。

根据之前设定的研究问题，访谈内容主要围绕以下三个层次进行。

（1）消费者对品牌传播领导者定位的认识和评价。质性研究的第一个层次是了解消费者对品牌传播领导者定位的认识和评价。主要是了解消费者对传播领导者定位的广告（或其他营销传播形式）的态度和看法是什么。

在进入主要的问题之前，需要通过一些开放性的问题帮助访谈对象回忆与本次访谈主题相关的内容，营造轻松的访谈氛围，建立访谈者与访谈对象之间的信任关系，为访谈者后续的提问做出有益铺垫。访谈通常以一些与主题相关的询问作为开端，类似的问题包括但不限于以下几种：你平时会经常看广告吗？你能列举几个印象深刻的广告吗？简单描述一下广告内容，以及具体情境，如在哪里看到的，什么时间看到的等。类似的问题也可以帮助了解访谈对象对广告等营销传播方式的接受程度和敏感程度。

（2）品牌传播领导者定位对消费者产品态度的影响和原因。第二个层次的问题主要针对消费者产品态度。在判断是不是的基础上，通过耐心的询问和分析来探索为什么。由于第二个层次的研究问题很可能在第一层次的访谈中就已经被提及，所以在访谈中不能拘泥于提问的顺序，应适当地追问、总结和确认传播领导者定位对消费者产品态度产生影响的原因和其他与之相关的要素。通过适当的追问了解消费者为什么会产生这样的态度、认识和评价。在第二层次的询问中，访谈者很可能需要延续或重温第一层次的对话内容，以此帮助和引导访谈对象描述与总结影响产品态度的原因。

（3）品牌传播领导者定位对消费者购买意愿的影响和原因。在第三个层次中，除了询问消费者对传播领导者定位品牌的购买意愿之外，还可以适当地在访谈过程中穿插一些回忆类题目，请访谈对象回忆和讲述自己与自称为“领导者”品牌之间的故事和连结。访谈对象回忆中的行为，为访谈数据的真实性提供了一层验证。行为类的描述与前面回答的观点和看法部分相互对照，有助于研究者更好地理解访谈对象的真实态度和意愿，从而更好地回答该部分的研究问题。

以上三个层次之间的内容互有重叠，要求访谈者要时刻注意倾听并捕捉信息。具体访谈问题的顺序不是一成不变的，需要根据话语的走向机动调整，最终确保在访谈结束之前完成对各个层次问题的问询即可。深度访谈部分设置的研究问题相对比较开放，需要访谈者特别注意聆听访谈对象的反馈，并依据访谈对象的反馈，及时调整问法，鼓励访谈对象说出自己的真实想法，发掘更多框架之外的有趣和有意义的内容。

3.1.3 数据采集

质性研究一般不遵循统计学的概率抽样，而是采用目的性抽样和理论抽样（Coyne，1997）。根据研究的目的，抽取能够为本书研究提供最大信息量的人或者案例。抽样标准取决于所选择的样本是否能够完成研究任务。

根据研究所涉及的问题，访谈对象的选择主要依据以下三个标准：（1）访谈对象能够自主决定消费行为，且消费行为比较活跃；（2）访谈对象对品牌和相关内容比较敏感；（3）对品牌传播行为和传播领导者定位有一定认识，有过购买传播领导者定位品牌经历的消费者优先。

基于以上三个标准，为了更深入地挖掘研究问题，尽量从不同年龄层次、不同性别和不同职业的群体中选择访谈对象。其中有通过朋友圈直接联系，也有在商场店铺等消费场所随机拦截获取的。具体访谈对象的信息如表3－3所示。

表 3-3 访谈对象基本信息

编号	性别	年龄	学历	行业
A	女	25	博士	学生
B	男	28	本科	创业公司
C	女	29	硕士	航天
D	男	28	博士	高校
E	女	27	硕士	保险
F	男	32	高中	销售
G	女	53	中专	小学教师
H	女	27	大专	售货员
I	女	45	本科	金融
J	男	36	本科	汽车

与每个访谈对象的访谈的时间在 20 ~ 60 分钟。在第一轮访谈结束后，又对部分访谈对象进行了第二次回访。判断质性研究深度访谈基本完成的标准是，在新的访谈内容中不再出现与研究问题相关的新构念和新内容。在每次访谈正式开始之前，访谈对象会被告知访谈的大概内容，访谈者依据提纲内容向访谈对象逐个询问，以观察和倾听为主，以便获得更多丰富的信息。

3.1.4 核心发现

笔者对深度访谈中收集到的数据进行了归纳和提炼，三个层次的问题获得了有价值的发现。

1. 消费者对品牌传播领导者定位的认识和评价

研究问题第一层次的主要目的是得到关于消费者对传播领导者定位的真实评价，即消费者认为品牌积极传播自己是“领导者”好不好，是否可信、是否有效。

(1) 发现 1：传播领导者定位在一定程度上会对消费者的品牌评价产生影响。根据访谈对象所反馈的情况发现，品牌传播领导者定位的确会影响消费者对品牌的认知，这种影响主要体现在对知名度的认知上。新品牌可以通过传播领导者定位来引起消费者的注意，但是并不一定能够激发消费者对品牌的兴趣和回忆。消费者对品牌自称是“领导者”的传播方式评价不高。至少从接受访谈的对象来看，传播领导者定位并不能显著提高消费者对品牌和产品的喜爱程度。大多数访谈对象对领导者定位没有感觉，还有一些被访者表现出了对带有“领导者”字样的广告语比较强烈的不信任感。例如，G 认为“品牌做广告就是为了提升知名度，打广告说是领导者的不一定是真的领导者”。J 直接指出：“拼命打广告说自己是领导者的，只是为了造势，产品不一定是最好的。说领导者，也可以不是第一名，让人感觉有点牵强。”

（2）发现2：消费者对品牌传播领导者定位的做法并不十分看好。访谈对象对于品牌传播领导者定位的一个主要诟病是“没有亮点”，在领导者定位点上没有实现和其他产品的差异化，因此也无法给人留下深刻印象。

访谈对象（70%）纷纷表示，现在宣传自己是领导者的品牌太多，各行各业的品牌中都能看到。类似的广告语太多，显得重复又没有创意。之所以拼命宣传自己是“领导者”可能是因为不说自己是“领导者”品牌就没有其他特色了，真正有独到之处的产品是不需要宣传自己是“领导者”的。“特别是如果连竞争对手也宣传自己是领导者，消费者就更记不住谁是谁了”（B）。还有访谈对象（F）提出“什么行业都有领导者”，这可能也说明“领导者的形象在中国国民心中还是有一定地位的吧”。

从访谈中还可以看出，绝大多数消费者是被动接收传播信息的。根据访谈对象的回忆，看到广告的情境大多是在诸如地铁站、公交站等公共场所，以及视频网站播放的广告。很多人表示除非广告语特别醒目，形式特别新颖，或者重复频率非常高，否则并不会主动观看广告，也不太能记得清广告中的品牌名称和广告语，更不用说能够清楚地记得广告中的产品是在哪一个细小分类当中的市场领导者了。

2. 品牌传播领导者定位对消费者产品态度的影响和原因

第二个层次的研究问题是想了解品牌传播领导者定位如何影响消费者的产品态度。结合之前文献回顾梳理出的脉络，在这个研究层次上重点关注了具有不同特质的消费者的回答，以及消费者在不同情境下对品牌传播领导者定位的态度。

虽然通过前面的分析发现消费者对品牌传播领导者定位的做法并不十分赞同，但是通过进一步的追问可以看出，领导者定位的传播行为对消费者的产品态度仍然存在一定的影响。

通过分析访谈数据发现，消费者自身特质和消费情境是影响他们对传播领导者定位品牌产品态度的两个重要因素。

部分访谈对象对传播领导者形象的品牌还是比较认可的。这些受访者具备一定的特点。例如在比较放松地表达自我观点时，更频繁地提到“我们”“大家”，提到自己所在的群体。在说明自己的消费观和选择理由时，I就曾经提到“我经常随大流选一个知名的品牌，这样风险比较小。因为你消费的东西也多多少少代表着你是什么样的人，我还是比较在意别人的看法，选个说自己是领导者的产品，我会感觉比较轻松”。可见，这一类消费者更加在意他人的看法，关注他人多于关注自己。从心理学概念来理解，这种消费者的自我构念偏向依赖型而非独立型。

也有一些访谈对象表示，正因为“买的东西就代表着一个人的品位”，所以“绝对不会对满大街说自己是领导者的东西多看一眼”。与上面一种态度相比，这一类消费者显然更关注自我，希望自己是与众不同的，反而会因为“领导者”品牌象征着大众的选择而对此类商品敬而远之。

以上描述的消费者产品态度的不同主要出现在自我购买、自我消费的情况下。在访谈过程中有访谈对象（A、C）谈到，在逢年过节给亲戚买礼物的时候，对“领导者”品牌的评价比较高（产品态度好）。赠礼者不太清楚收礼者的喜好，即使对品牌本身并不十分了解，也仍然认为传播领导者定位的品牌是更好更合适的选择。之后的访谈都增加了对类似情境的追问，普遍得到了相似的答案。

3. 品牌传播领导者定位对消费者购买意愿的影响和原因

第三个层次想要回答的问题是，品牌传播领导者定位是否会影响消费者的购买意愿，即消费者是否会因为品牌传播领导者定位而倾向于购买甚至产生实际购买行为，以及产生这种影响的原因。

（1）发现1：大多数情况下，领导者定位点并不是消费者选择和购买品牌的首要理由。通过对访谈内容的分析可以看出，在大多数情况下“领导者”的形象并不能构成消费者选择和购买的理由。很多被访对象表示，他们不太在乎买的是不是“领导者”品牌。即便这些自称是“领导者”的品牌产品真的是最好的，也不一定就会去买，“适合自己的才是最好的”。受访者E表示：“买东西是为了满足自己的需求，不需要用所谓的领导者来撑面子。适合的、性价比高的才是最好的。”受访者A表示：“我根本不关心是不是领导者。我喜欢有特点、有卖点的东西，我只关注产品真正的特色。”关于对领导者定位点的解读，大多数访谈对象倾向于认为真正的市场领导者应该是销量很大、市场占有率很高、品质有保证的品牌。“领导者”品牌听上去比较安全，不容易“踩雷”。然而，即便如此，传播领导者定位也不见得一定能够提高消费者的购买意愿。有访谈对象（B）指出，一般传播领导者定位的品牌都会疯狂打广告，广告费占据了产品研发的费用，缩减了改善产品质量的成本，华而不实，因此不倾向于购买。

（2）发现2：传播领导者定位对消费者购买意愿的影响受到消费者特质、产品类型和消费情境的影响。虽然传播领导者定位的影响力相当有限，但在一定的情况下，消费者仍然会因为品牌对领导者形象的宣传而产生购买欲。通过分析访谈内容发现，在某些品类中，消费者相对而言比较看重领导者定位点。如汽车、家用电器、手机数码等实用性较强的功能型产品，即便消费者自己也并不确定该品牌是不是绝对的行业第一，都还是更加青睐传播领导者定位的品牌。另外，如果一件产品的消费场景比较公开，使用的过程会被很多人观察到，那么消费者似乎也更接受传播领导者定位的品牌，对此类品牌的评价更高甚至购买意愿更强。相比之下，如果一件产品的消费场景是非公开的，使用的过程不会被其他人注意，那么消费者对领导者定位点的传播就不是那么在意了。举例说明，几位访谈对象都提到，如果是买手机（公开产品）或者家用电器（功能型实用品）这样的大件产品，还是很容易听信“领导者”的宣传。

关于消费者特质的影响，有关购买意愿的发现与产品态度类似。容易受到品牌传播领导者定位影响的消费者大多比较在意他人，较少提及自己。另外一个重要发现是，在面临赠送礼物的情境，即需要购买商品作为礼物送给他人的时候，几乎所有被访者都表示他们更容易受广告影响而选择“领导者”品牌。有三位访谈对象在交流中回想给亲戚和领导等选择礼物时的类似经历，“不知道买什么，干脆买个什么领导者，看着好看一点”。

3.1.5 相关发现

除了三个核心的研究问题以外，深度访谈还获得了非常丰富的发现。

1. 传播领导者定位产生效果的真实原因有待考证

虽然在一定的条件下（消费者偏向依赖型自我构念、赠礼情境等），品牌传播领导者定位似乎成为消费者选择和购买的理由。但是仍然不能忽视，消费者因受到此类宣传的影响而购买了该产品，并不只是因为广告传播中提及了领导者，或者传播了领导者的形象。很可能是因为大规模的宣传增加了该品牌或产品的曝光度，消费者充其量是对该品牌的名称有了印象，对品牌的认识和喜爱程度并没有加深。

例如，有访谈对象（B）指出，如果是要找房屋中介服务（卷入程度比较高），那么作为买家一定不会只听信广告的宣传而选择“领导者”。在决策之前，会多方收集信息，认真衡量。还有人指出（D），在有几种品牌或产品并列可选的情况下，相对于领导者定位点，他更在意的是产品在各个方面的属性评分，以及属性所能产生的利益，即能带来什么好处。相当一部分访谈对象（30%）表示，他们更乐意广告简明扼要地告诉消费者产品到底能够给消费者带来哪些核心利益，毕竟“领导者”这个卖点并不是他们最关注的点。

2. 传播领导者定位的反效应

在对三个核心问题的分析之后可以发现，领导者定位点对消费者的产品态度和购买意愿的影响是比较有限的，在一些条件下可能有效，而且效果产生的原因仍有待讨论。而且通过分析访谈数据，还可以发现传播领导者定位可能存在某些负面效应。举例说明，如果消费者受到领导者定位点的影响而更加喜爱甚至实际购买了该产品，在使用之后非常有可能产生落差和失望。因为消费者满意是预先期望和实际效果之间的比较，在实际使用之前，对领导者定位的传播提高了消费者的期望，让消费者满意变得困难。而不满意的结果有可能是抱怨、投诉甚至产生负面口碑。退一步讲，如果消费者在使用之后没有感受到和期望相匹配的体验，即便没有产生负面口碑，也很容易产生不满意和失望的情绪，进而影响产品态度和今后的购买意愿，自此形成了一个负向的循环。所谓有效的宣传也就成为一锤子买卖，为今后的品牌发展和延伸埋下了隐患，品牌面临着“从先驱到先烈”的重大风险。

3. 消费者对领导者定位点的认知有了新的变化

很多访谈对象对于领导者品牌的定义并不都是传统意义上的市场占有率最高，销量最大。这说明消费者对“领导者”有自己的认识。毕竟作为消费者很可能不太了解真实的销售数据，也不清楚每个品牌的市场份额，只能从感官上对品牌所处的地位和形象进行认识。

一些访谈对象认为，“领导者”不一定是销量最多的，也不是进入行业最早的。只要能引领行业潮流，或者知名度很高，就可以被称为领导者。另外，消费者对广告语中频繁出现的“领导者”也有自己的思考和质疑。他们表示，虽然广告法对广告标语和宣传语的真实性有明确规定，但是“领导者”口号频繁出现，显得声势大于实际，有名不副实的嫌疑。有受访者表示，听了太多类似“高端××的领导者”这样的广告语，类似的宣传显得太假。这一发现对企业的传播规划有一定的启示意义，传播领导者定位时要特别注意规划传播内容，从消费者视角重新审视领导者的内涵，努力给潜在目标顾客留下正面的深刻印象。

4. 随着新媒体的强势渗透，消费者对广告和营销传播的方式有了新的理解

消费者对广告等营销信息投入的时间、精力和注意力是非常有限的，这也说明营销传播要特别注意精选目标顾客关注的渠道，精准投放信息，充分利用消费者宝贵且有限的耐心和注意力。

在内容为主导的广告推送里，消费者进入了单独评估的状态。在这种情形下，消费者通常并不关注产品是不是领导者，也更不在意是哪一品类的领导者，只会在意产品本身好不好，带给自己的感觉怎么样，如果价格可以接受很可能会直接产生购买行为。消费者在此时更在意的是感觉，会更加关注商品的优点，更容易选择有亮点、有独特属性的产品。例如，一些访谈对象，特别是年轻的女性，经常受到公众号广告推送的影响，用感性线索来做出判断。有几位受访者讲述了自己这方面的经历，看到自己信赖和喜爱的某公众号推荐一款产品，觉得价格可以接受，有时就连内容详情都没有仔细读完就下单了（H）。

3.1.6 质性研究小结

通过质性研究的探索，得到了几个方面的研究成果。

首先，通过对质性研究深度访谈数据的分析，在最核心的三个研究问题上都有了一些有益的发现。通过对访谈数据的分析发现，虽然消费者对品牌传播领导者定位的做法并不十分认同，但是传播领导者定位对消费者的产品态度和购买意愿仍然存在一定的影响。这种影响是在一定的条件下存在的。消费者自身的特质是影响他们对传播领导者定位品牌产品态度和购买意愿的一个重要因素。更在意他人看法和所在群体的消费者对“领导者”品牌的态度更积极；更多关注于自身，较少提及他人的消费者对“领导者”品牌的态度相对较差。大多数情况下，领导者定位点的广泛传播并不是消费者选择和购买的理由。但是在功能型产品、在公开场合使用的产品以及面临赠送礼物的购买决策时，消费者更容易因为领导者定位点而购买。

其次，通过质性研究的探索还得到了一些核心研究问题之外的重要发现。虽然传播领导者定位对消费者的产品态度和购买意愿有一定的影响。但是传播领导者定位产生影响的真实原因值得进一步探讨。传播领导者定位容易提高消费者的期望，而由期望的提高产生的购买通常会以失望而告终。这对企业来说是一个艰难的选择。因此，了解在什么情况下向哪些消费者传播领导者定位显得格外重要。消费者具有丰富的想象力和理解能力，对领导者定位点的解读也与以往的传统定义有所不同。随着新的传播渠道和传播方式的出现，企业需要更好地了解形势，规划与消费者的信息沟通。

最后，质性研究为后续研究奠定了基础，做出了重要贡献。作为第一个探索性研究，质性研究部分为后面的研究做出了重要贡献和铺垫。第一，通过质性研究验证了第 2 章现有理论框架中的部分研究路径。为后面的研究明确了范围；虽然在之前已经通过文献回顾构建了一个潜在的理论框架，但这个框架内容过于冗杂，且没有经过实证数据的检验。质性研究作为探索性研究用深度访谈数据对潜在的研究线索进行了检验，也进一步明确了研究范围和下一步的研究内容。第二，质性研究中挖掘出的结论为下一节的探索性研究 2：大样本问卷调查奠定了基础。从对深度访谈数据的分析和解读获得了对问题与现象丰富的认识。基于质性研究的发现，为接下来设计问卷并通过大样本调查收集数据进行统计分析创造了可能。从访谈数据中提炼出来的观点和看法为问卷中题目与题项的设计提供了重要依据。第三，质性研究的发现也为行为实验的研究提供了探索方向，使得更加精细地研究每个影响要素的作用机制成为可能。

3.2 大样本问卷调查

3.2.1 研究问题

在前面的质性研究中，已经通过理论抽样深度访谈的方式，比较深入地了解了消费者对传播领导者定位的认知和评价，以及影响传播领导者定位对消费者产品态度和购买意愿产生作用的因素（消费者特质和消费场景）。在此基础上，本节将通过大样本问卷调查的方式，验证并且拓展已有的研究发现。

质性研究适合通过理论抽样的方式在研究初期通过深入研究挖掘出新的构念，研究范围受到一定的限制。大样本问卷调查可以覆盖更多的群体，具体而言，本节希望通过大样本问卷调查回答以下几个问题：（1）什么类型的消费者更倾向于选择传播领导者定位的品牌？（2）什么品类/类型的品牌传播领导者定位更有效？（3）领导者定位点是消费者选择和购买的理由吗？

3.2.2 研究设计

1. 问卷的设计流程

大样本调查问卷的主体框架和各部分的问项设计主要是由研究问题决定的。希望能够通过发挥大样本问卷调查的优势从客观统计信息上了解：（1）具有哪些人口统计特征（类型）的消费者更倾向于选择传播领导者定位的品牌；（2）什么品类/类型的品牌传播领导者定位更有效；（3）从实际行为和意愿倾向来看，领导者定位点是不是消费者选择和购买的理由。以上三个问题当中没有涉及非常严格的理论构念，也没有现成的量表可以借鉴。问卷中的问题和选项是基于质性研究部分的核心发现提炼出来的，问卷设计具有一定的原创性。

为了得到更准确的答案，提高问卷的信度，在问卷设计时，针对每一个层面都设计了一组问题，尽量从多个角度，变换不同的方式来提问。例如，研究希望通过问卷了解领导者定位点是不是消费者选择和购买的理由。针对这个问题，问卷中设计了一系列题目。首先，请被试回忆并汇报真实的购买情况（行为维度），题目包括回答最近一年是否购买过自称是“领导者”的品牌（第12题），购买产品的名称、品类、类型，以及购买过程（第13~19题）；其次，请被试汇报真实的购买理由以及购买此类产品时最在意的特征（第20~23题）；最后，转换提问角度（心理维度），直接询问被试的购买意向，即是否会因为某产品是“领导者”而购买（第26~27题）。

为了更好地挖掘被试汇报的信息，保证问卷填写的质量，问卷中加入了一些主观填空题和客观选择题。客观选择题包括了有关性别、年龄、受教育程度、职业、职务、收入、所在地、家庭结构和消费特征等方面的统计信息。

为了保证问卷设计的质量和有效性，在正式发放问卷之前，我们邀请了研究营销定位点的专家对问卷进行评价。在此之后招募了20位被试对问卷进行前测和评价，以确定问卷的表述没有歧义，可以被被试准确理解。最终，根据专家和前测被试的反馈意见，再次修订后确定了最终版的问卷。问卷设计的详细流程如图3-1所示。

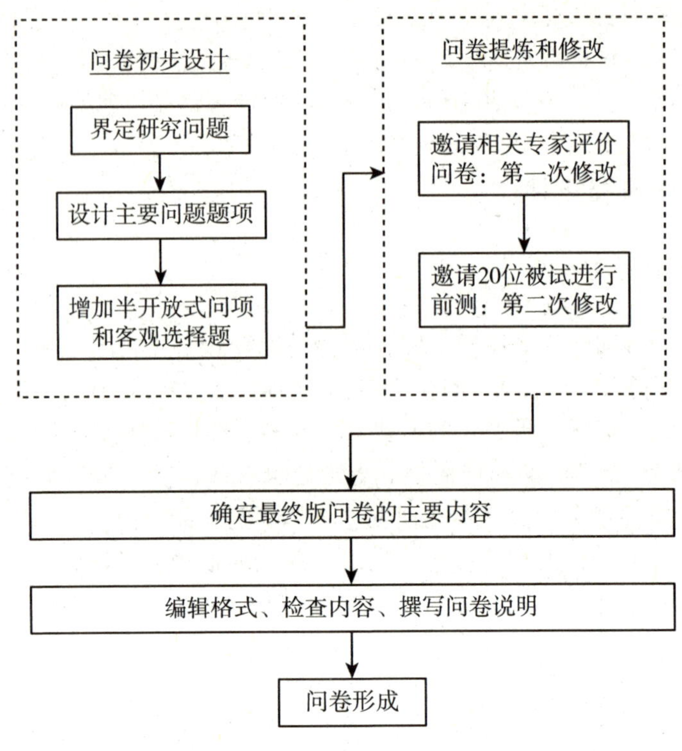

图 3-1　问卷设计流程

2. 问卷的发放与回收

问卷研究的样本通过一家专业网络调查公司获得。调查公司负责发放问卷，并对问卷的填写质量做初步的审核和筛查。通过筛查可以保证避免重复答卷、排除答题时间过短的答卷，并且通过设置陷阱题的方式淘汰出现明显错误的答卷，以保证回收样本的可靠性和有效性。最终回收有效问卷 537 份。

问卷调查部分的主要目的之一是了解什么样的消费者更倾向于选择传播领导者定位的品牌，希望问卷能够尽可能多地覆盖各种类型的消费者。因此，问卷发放时对被试的地域、年龄、性别、学历、职业等维度不设限制。

3.2.3　数据基本信息

为了更好地了解品牌传播领导者定位对不同类型消费者的影响，问卷中设置了一组关于个人信息的选项，客观题包括性别、年龄段、最高学历、职业、收入、职位、家庭结构、所在地等几个方面。下面对回收问卷中被试的基本信息做一个简单的总结。

1. 样本性别分布

从总体样本来看，有328位女性被试参与了问卷调查。女性比例高于男性比例，这基本符合零售业购物者的实际情况。样本性别的具体分布如表3-4所示。

表3-4 样本性别的统计分布情况

性别	总数（人）	百分比（%）	有效百分比（%）	累积百分比（%）
男性	209	38.92	38.92	38.92
女性	328	61.08	61.08	100.00
总计	537	100.00	100.00	

2. 样本年龄段分布

从表3-5可以看出，参与本次调查的样本年龄段的主体是18~44岁的消费者，占据了总体样本的90%以上，其他几个年龄段的样本所占比例较少。18~44岁也是消费能力比较强、消费行为比较频繁的年龄群体，因此他们汇报的结果比较具有代表性，可以很好地回答问卷调查想要研究的问题。

表3-5 样本年龄段的统计分布情况

年龄段	总数（人）	百分比（%）	有效百分比（%）	累积百分比（%）
17岁及以下	5	0.93	0.93	0.93
18~24岁	115	21.42	21.42	22.35
25~29岁	117	21.79	21.79	44.13
30~34岁	138	25.70	25.70	69.83
35~39岁	79	14.71	14.71	84.54
40~44岁	46	8.57	8.57	93.11
45~49岁	26	4.84	4.84	97.95
50~54岁	3	0.56	0.56	98.51
55~59岁	5	0.93	0.93	99.44
60岁及以上	3	0.56	0.56	100.00
总计	537	100.00	100.00	

3. 样本受教育情况分布

表3－6呈现的是样本的受教育情况，被试汇报了自己的最高学历。从表3－6中可以看出，被试中的绝大多数都有大学本科学历，占到总样本量的71.88%；90%以上参与大样本问卷调查的被试具备高中以上文化水平，能够正确理解问卷内容并独立完成问卷填写。

表3－6　　样本最高学历的统计分布情况

最高学历	总数（人）	百分比（%）	有效百分比（%）	累积百分比（%）
小学及以下	2	0.37	0.37	0.37
初中	5	0.93	0.93	1.30
高中/中专/技校	26	4.84	4.84	6.15
大专	81	15.08	15.08	21.23
大学本科	386	71.88	71.88	93.11
硕士	36	6.70	6.70	99.81
博士	1	0.19	0.19	100.00
总计	537	100.00	100.00	

4. 样本职业情况分布

如表3－7所示，在537个样本中，公司职员占比最大，在48%左右。从样本的就业情况来看，80%以上的被试有全职工作，意味着绝大多数被试有比较稳定的收入，具备一定的消费能力，符合研究要求。

表3－7　　样本职业的统计分布情况

职业类别	总数（人）	百分比（%）	有效百分比（%）	累积百分比（%）
在校学生	76	14.15	14.15	14.15
专业人士（教师/医生/律师/工程师/技术员等）	91	16.95	16.95	31.10
服务业从业人员（餐厅服务员/司机/售货员等）	11	2.05	2.05	33.15
工人	11	2.05	2.05	35.20

续表

职业类别	总数（人）	百分比（%）	有效百分比（%）	累积百分比（%）
农民	1	0.19	0.19	35.38
军人	1	0.19	0.19	35.57
公司职员	261	48.60	48.60	84.17
企业经理人	28	5.21	5.21	89.39
事业单位/公务员/政府工作人员	38	7.08	7.08	96.46
民营企业家	3	0.56	0.56	97.02
自由职业者（作家/艺术家/摄影师/导游等）	9	1.68	1.68	98.70
已退休	3	0.56	0.56	99.26
其他	4	0.74	0.74	100.00
总计	537	100.00	100.00	

5. 样本工作岗位

为了了解消费者在工作中的角色是否会影响对传播领导者定位品牌的态度，问卷设置了客观题问项，让被试回答自己在工作中的岗位更接近于以下哪一个类型。结果如表3－8所示，样本中基层员工和基层管理人员居多，各占总体的1/4左右，其次是中层管理人员，占总体的18.81%。

表3－8　　样本工作岗位的统计分布情况

工作岗位	总数（人）	百分比（%）	有效百分比（%）	累积百分比（%）
在校学生	76	14.15	14.15	14.15
老板/领导	4	0.74	0.74	14.90
专家/专业人士	49	9.12	9.12	24.02
基层员工	135	25.14	25.14	49.16
基层管理人员	155	28.86	28.86	78.03
中层管理人员	101	18.81	18.81	96.83
高层管理人员	5	0.93	0.93	97.77
自由职业者	11	2.05	2.05	99.81
其他	1	0.19	0.19	100.00
总计	537	100.00	100.00	

6. 样本收入分布

由表3－9可以看出，样本的收入分布情况比较平均，4001～6000元、6001～8000元、8001～10000元这三个收入水平占比较多，各占总体的1/5左右，其他收入水平的分布相对较为平均。

表3－9　　样本月均收入的统计分布情况

月平均收入	总数（人）	百分比（%）	有效百分比（%）	累积百分比（%）
2000元以下	74	13.78	13.78	13.78
2000～4000元	53	9.87	9.87	23.65
4001～6000元	118	21.97	21.97	45.62
6001～8000元	89	16.57	16.57	62.20
8001～10000元	114	21.23	21.23	83.43
10001～20000元	75	13.97	13.97	97.39
20001～40000元	10	1.86	1.86	99.26
40001～80000元	3	0.56	0.56	99.81
80000元以上	1	0.19	0.19	100.00
总计	537	100.00	100.00	

7. 样本所在地分布

由表3－10可见，有超过35%的被试来自北上广深四个一线城市；第二个主要来源是新一线城市，占样本总量的23.09%；二线城市和三线城市紧随其后；四线城市、五线城市和乡镇村的样本分布比较平均。

表3－10　　样本工作生活地点的统计分布情况

工作生活地点	总数（人）	百分比（%）	有效百分比（%）	累积百分比（%）
一线城市	191	35.57	35.57	35.57
新一线城市	124	23.09	23.09	58.66
二线城市	95	17.69	17.69	76.35
三线城市	65	12.10	12.10	88.45
四线城市	23	4.28	4.28	92.74
五线城市	17	3.17	3.17	95.90
乡、镇、村	20	3.72	3.72	99.63
中国境外	2	0.37	0.37	100.00
港澳台地区	0	0.00	0.00	100.00
总计	537	100.00	100.00	

8. 样本家庭结构情况分布

由表3－11可以看出，占据样本主体的被试来自有未成年子女的家庭，这部分被试占据半数以上（53.26%），可以推测此类家庭结构是三口或四口之家。紧随其后的是单身群体，占据总体的1/4左右（26.44%），其他几种家庭结构占比较小。

表3－11　　样本家庭结构的统计分布情况

家庭结构类别	总数（人）	百分比（%）	有效百分比（%）	累积百分比（%）
单身	142	26.44	26.44	26.44
未婚有伴侣	46	8.57	8.57	35.01
已婚无子女	36	6.70	6.70	41.71
有未成年的子女	286	53.26	53.26	94.97
子女均已成年	22	4.10	4.10	99.07
老年夫妇	2	0.37	0.37	99.44
独身老人	0	0.00	0.00	99.44
其他	3	0.56	0.56	100.00
总计	537	100.00	100.00	

3.2.4　数据分析结果

1. 问题一的相关发现：消费者类型

关于问题一，通过分析数据得到两个主要发现：一是传播领导者定位的品牌众多，对消费者的影响比较广泛；二是传播领导者定位对消费者的影响与消费者的一些人口统计特征有关。性别和年龄段并不是重要的影响因素；事业单位/公务员/政府工作人员和在工作岗位上担任领导者职务的消费者更倾向于选择传播领导者定位品牌；从工作生活地点上来看，四线城市的消费者购买传播领导者定位品牌的比例最高。

问卷针对被试过去一年购买传播领导者定位品牌的情况设计了一系列问题，并对被试汇报的购买情况展开了分析。问卷中设计了问项（第12题）：您最近一年内购买过自称是“领导者”的品牌吗？

通过数据分析可以发现，在过去一年中，有超过六成的被试反映自己购买过传播领导者定位的产品。这一数据说明了两个方面的问题：首先，市场上有许多品牌以领导者为定位点进行传播；其次，半数以上的消费者有过购买传播领导者定位品牌的经历，说明品牌传播领导者定位是一个影响范围较广的营销现象，值得深入研究。表3－12是过去一年内购买过传播领导者定位品牌的样本统计情况。

表3－12　过去一年内购买过传播领导者定位品牌的统计情况

购买记录	总数（人）	百分比（%）	有效百分比（%）	累积百分比（%）
购买过	366	68.16	68.16	68.16
没有购买过	110	20.48	20.48	88.64
不确定/不知道	61	11.36	11.36	100.00
总计	537	100.00	100.00	

在此基础上，利用被试填写的人口统计信息，进一步分析不同类型的消费者的购买情况。

首先，比较性别带来的差异。从统计结果来看，在购买过传播领导者定位品牌的群体当中，不同性别的购买情况差别不大，如表3－13所示，有68.90%的男性消费者购买过传播领导者定位的产品；表3－14显示，在女性样本中，有67.68%在过去一年中购买过传播领导者定位的产品。男性消费者购买传播领导者定位产品的比例略高于女性。

表3－13　过去一年内购买过传播领导者定位品牌的男性统计情况

购买记录	频率	百分比（%）	有效百分比（%）	累积百分比（%）
购买过	144	68.90	68.90	68.90
没有购买过	43	20.57	20.57	89.47
不确定/不知道	22	10.53	10.53	100.00
总计	209	100.00	100.00	

表3－14　过去一年内购买过传播领导者定位品牌的女性统计情况

购买记录	频率	百分比（%）	有效百分比（%）	累积百分比（%）
购买过	222	67.68	67.68	67.68
没有购买过	67	20.43	20.43	88.11
不确定/不知道	39	11.89	11.89	100.00
总计	328	100.00	100.00	

其次，关注年龄段带来的差异。表3－15是各个年龄段被试在过去一年购买传播领导者定位产品的情况。其中，55～59岁和30～34岁的消费者中购买过传播领导者定位产品的比例最高，约80.00%；其次是25～29岁的人群，在这个群体中购买过传播领导者定位品牌的比例为75.21%；其他年龄段的消费者比例比较均衡。从统计数据来看，传播领导者定位对消费者的作用并不受年龄段的影响。

表3－15　过去一年内购买过传播领导者定位品牌的样本年龄段统计情况

年龄段	购买过（人）	没有购买过（人）	不确定/不知道（人）	购买过的比例（%）	总数（人）
17岁及以下	2	2	1	40.00	5
18～24岁	65	32	18	56.52	115
25～29岁	88	15	14	75.21	117
30～34岁	110	22	6	79.71	138
35～39岁	55	15	9	69.62	79
40～44岁	30	10	6	65.22	46
45～49岁	9	11	6	34.62	26
50～54岁	2	1	0	66.67	3
55～59岁	4	1	0	80.00	5
60岁及以上	1	1	1	33.33	3
总计	366	110	61	68.16	537

从简单的数据统计来看，事业单位/公务员/政府工作人员在过去一年购买过传播领导者定位品牌的比例最高，接近80.00%；公司职员和专业人士的比例紧随其后，分别是74.33%和72.53%。说明领导者定位点相对来讲对这三类人群比较有吸引力（见表3－16）。

表3－16　过去一年内购买过传播领导者定位品牌的样本职业统计情况

职业	购买过（人）	没有购买过（人）	不确定/不知道（人）	购买过的比例（%）	总数（人）
在校学生	34	28	14	44.74	76
专业人士（教师/医生/律师/工程师/技术员等）	66	15	10	72.53	91

续表

职业	购买过（人）	没有购买过（人）	不确定/不知道（人）	购买过的比例（%）	总数（人）
服务业从业人员（餐厅服务员/司机/售货员等）	7	4	0	63.64	11
工人	7	2	2	63.64	11
农民	0	1	0	0.00	1
公司职员	194	39	28	74.33	261
企业经理人	20	7	1	71.43	28
事业单位/公务员/政府工作人员	29	8	1	76.32	38
民营企业家	1	1	1	33.33	3
自由职业者（作家/艺术家/摄影师/导游等）	3	3	3	33.33	9
其他	5	2	1	62.50	8
总计	366	110	61	68.16	537

从回收问卷的统计结果来看，在工作中具有领导者身份的人似乎更倾向于购买传播领导者定位的产品。管理人员（基层、中层和高层）、老板/领导群体中在过去一年购买过“领导者”品牌的比例占到75%或以上。似乎可以说明，在工作中担任领导者岗位的消费者更倾向于选择传播领导者定位的品牌，具体数据如表3－17所示。

表3－17　过去一年内购买过传播领导者定位品牌的样本工作岗位统计情况

工作岗位	购买过（人）	没有购买过（人）	不确定/不知道（人）	购买过的比例（%）	总数（人）
在校学生	33	28	15	43.42	76
老板/领导	3	0	1	75.00	4
专家/专业人士	34	9	6	69.39	49
基层员工	93	29	13	68.89	135
基层管理人员	117	22	16	75.48	155

续表

工作岗位	购买过（人）	没有购买过（人）	不确定/不知道（人）	购买过的比例（%）	总数（人）
中层管理人员	76	18	7	75.25	101
高层管理人员	4	1	0	80.00	5
自由职业者	5	3	3	45.45	11
其他	1	0	0	100.00	1
总计	366	110	61	68.16	537

从样本的主要工作生活地点来看，四线城市中购买过传播领导者定位品牌的比例是最高的，高达73.91%（见表3－18）。从样本简单统计结果来看，四线城市的消费者最青睐“领导者”品牌；一线城市（70.16%）和新一线城市（70.16%）略低于四线城市，位居第二；二线城市（66.32%）和三线城市（66.15%）的购买率又比一线城市略低。

表3－18 过去一年内购买过传播领导者定位品牌的样本所在地统计情况

生活地点	购买过（人）	没有购买过（人）	不确定/不知道（人）	购买过的比例（%）	总数（人）
一线城市（北京、上海、广州、深圳）	134	35	22	70.16	191
新一线城市	87	26	11	70.16	124
二线城市	63	19	13	66.32	95
三线城市	43	16	6	66.15	65
四线城市	17	4	2	73.91	23
五线城市	11	5	1	64.71	17
乡、镇、村	10	4	6	50.00	20
中国境外	1	1	0	50.00	2
港澳台地区	0	0	0	0.00	0
总计	366	110	61	68.16	537

从统计数据来看，一线城市和新一线城市消费者购买传播领导者定位品牌的购买率也比较高，这可能是由于在一线城市和新一线城市品牌传播领导者定位的宣传力度较大，与之匹配的销售渠道更便利导致的。并不能说明一线城市

和新一线城市的消费者相比其他地区更喜欢传播领导者定位的品牌。

2. 问题二的相关发现：产品/品牌品类和类型

通过对问卷中两类题目的解读来分析哪种品类/类型的品牌更适合传播领导者定位。一类题目是询问被试过去一年的实际购买情况；另一类是询问被试的购买态度和意向。

（1）行为维度的分析。

首先，与问题一的分析类似，从消费者的购买记录来看，消费者实际选择了哪些品类/类型的"领导者"品牌。

问卷中有相关问题要求被试汇报过去一年购买过的自称"领导者"品牌的具体情况。被试被要求回答"您最近一年内购买过自称是领导者的品牌吗?"（第12题），如果得到肯定的回答，则继续追问"请写出一个您最近购买的自称是'领导者'的品牌产品/服务的名称?"（第13题，填空题）；"这种产品/服务属于以下哪个品类?"（第14题，多选题）；"这种产品/服务属于以下哪个类型?"（第15题，多选题）。

第一，产品品类。有关产品品类的设置参考了几家主要网络购物平台的产品品类设置。在问卷设计阶段经过与专家的讨论，产品品类的设置比较全面合理，前测阶段也没有被试提出异议。

从产品品类来看，消费者过去一年购买过的产品品类占总体的比例如表3－19所示。一共有366位被试在过去一年里购买过传播领导者定位的品牌，但是购买过的数量不止一件，也可能属于多个品类，因此总数为628件。

表3－19　　过去一年内购买的传播领导者定位品牌的产品品类统计情况

品类类别	总数（人）	百分比（%）	有效百分比（%）
汽车和汽车用品	23	6.28	6.28
家用电器	136	37.16	37.16
家居、家具、厨具	81	22.13	22.13
手机数码、电脑办公	46	12.57	12.57
服装鞋包（男装男鞋、女装女鞋、童装童鞋等）	55	15.03	15.03
美妆护肤、个护清洁（护肤品、化妆品、口红香水等）	29	7.92	7.92

续表

品类类别	总数（人）	百分比（%）	有效百分比（%）
日用品（纸巾、洗衣液等）	17	4.64	4.64
母婴类产品	11	3.01	3.01
食品（零食、饮料、营养品等）	190	51.91	51.91
教育和培训（线上线下课程）	12	3.28	3.28
体验项目（迪士尼乐园、酒店等）	7	1.91	1.91
服务（美容美发按摩服务等）	15	4.10	4.10
其他	6	1.64	1.64
总计	628		
有效填写人数	366		

注：多选题每人可以选择多个品类，百分比是总数/有效填写人数。

样本消费者在过去一年里购买过的传播领导者定位的产品品类如图3－2所示。可以看出，食品类（51.91%）、家用电器（37.16%）与家居、家具、厨具等（22.13%）是最主要的三个品类，即这三个品类中消费者选择传播领导者定位品牌的概率最高。这也说明在这三个品类中，选择传播领导者定位的品牌较多。由于产品类别对应的目标消费群体不同，因此按照性别、年龄段，甚至教育背景、收入等划分消费者类别，并且对这些类别进行比较意义并不大。

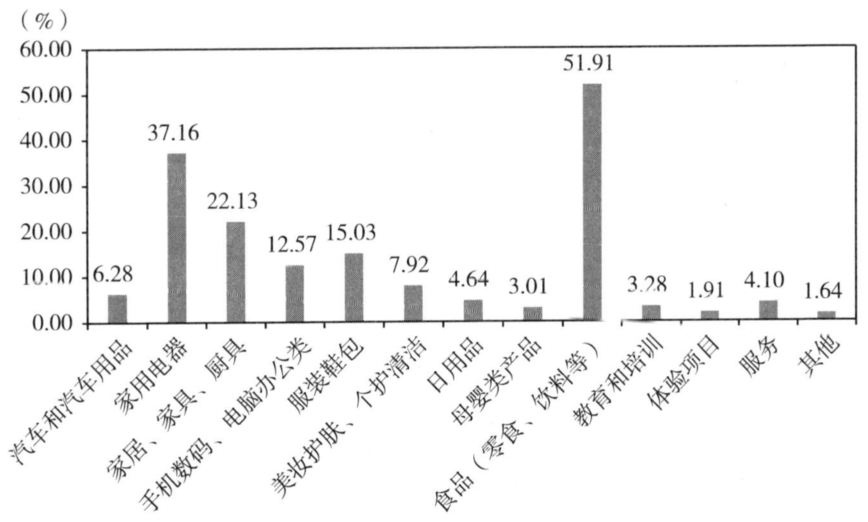

图3－2　消费者实际购买的传播领导者定位品牌的品类统计情况

第二，产品类型。产品的分类方法是多种多样的。消费者行为研究里通常把商品类型分为享乐品（巧克力等）和实用品（电池、纸巾等）。科特勒和凯勒（2012）依照服务占比的标准，把市场上的产品分为五类：纯粹有形产品（pure tangible good）、伴随服务的有形产品（tangible good with accompanying services）、混合型产品服务（hybrid）、伴随少量产品的服务（major service with accompanying minor goods and services）和纯服务（pure service）。还有一种产品分类是根据产品的消费场景，如果消费场景是公开可视的，那么可以称之为公开产品（public products）；如果购买或使用场景不为他人所见，则称之为私人产品（private products）（Cheema and Kaikati，2010）。此外，还有学者根据产品质量的可感受性把商品分为两类：一些商品的质量基本上在购买之前就可以确定（search quality），这一类商品标准化程度较高，商品质量和特征的变化范围较小；另外一种商品的质量只能在消费后才能得出结论（experience quality），如书籍、电影、服装、服务等（Ratchford et al.，2001）。当然，关于产品类型还有其他许多的分类方法，这里不一一列举。

根据现有的分类方式，无法找到一种符合逻辑的、与传播领导者定位影响机制直接相关的分类方法。所以问卷结合在质性研究深度访谈中出现的几种产品，与现有的产品类型划分方法进行归类，大概得到如表3－20所示的几个分类。为了方便被试统一理解，问卷在选项中进行了注释和说明。

表3－20　过去一年内购买的传播领导者定位品牌的产品类型统计情况

类型类别	总数（人）	百分比（%）	有效百分比（%）
功能型（满足实际功用的产品）	358	97.81	97.81
形象型（提升个人形象、如香水口红等）	56	15.30	15.30
体验型（游乐园等）	26	7.10	7.10
服务型（以无形服务为主，一般没有实体产品）	48	13.11	13.11
公开产品（消费场景是公开的、可视的，产品在社交中发挥重要作用）	81	22.13	22.13
私人产品（消费场景相对来说是非公开的，在购买或使用时并不会被其他人注意）	54	14.75	14.75
其他	1	0.27	0.27
总计	624		
有效填写人数	366		

注：多选题每人可以选择多个类型，百分比是总数/有效填写人数。

从表3－20中可以看出，绝大多数消费者购买的传播领导者定位的产品是功能型产品（97.81%），远远高于形象型（15.30%）、体验型（7.10%）和服务型产品（13.11%），公开产品（22.13%）多于私人产品（14.75%）。

（2）心理维度的分析。

通过分析消费者在过去一年实际购买传播领导者定位品牌的情况可以了解消费者"用脚投票"时更青睐哪些类型的"领导者"品牌。为了提高研究的准确性，问卷还设计了另外一套问题，抛开实际购买行为，直接询问被试在什么情况下更青睐自称是"领导者"的品牌。为此，问卷设计了两个平行的问题：一是"在购买以下哪一类产品/服务时您会更愿意选择自称是'领导者'的品牌（已知该产品/服务的价格在你可承受的范围之内）?"（第28题，多选题）；二是"在购买以下哪一类产品/服务时您会更愿意选择自称是'领导者'品牌的产品/服务（已知该产品/服务的价格在你可承受的范围之内）?"（第29题，多选题）。

第一，产品品类。关于产品品类的数据统计结果如表3－21所示。与真实的行为数据略有不同，家用电器（67.60%），手机数码、电脑办公（58.66%），汽车和汽车用品（47.86%）是消费者最青睐的三种品类，家居、家具、厨具等（46.93%）紧随其后。

表3－21　消费者倾向于选择传播领导者定位品牌的产品品类统计情况

品类类别	总数（人）	百分比（%）	有效百分比（%）
汽车和汽车用品	257	47.86	47.86
家用电器	363	67.60	67.60
家居、家具、厨具	252	46.93	46.93
手机数码、电脑办公类	315	58.66	58.66
服装鞋包（男装男鞋、女装女鞋、童装童鞋等）	140	26.07	26.07
美妆护肤、个护清洁（护肤品、化妆品、口红香水等）	190	35.38	35.38
日用品（纸巾、洗衣液等）	121	22.53	22.53
母婴类产品	109	20.30	20.30
食品（零食、饮料、营养品等）	182	33.89	33.89
教育和培训（线上线下课程）	139	25.88	25.88
体验项目（迪士尼乐园、酒店等）	109	20.30	20.30
服务（美容美发、按摩服务等）	81	15.08	15.08
其他	1	0.19	0.19
总计	2259		
有效填写人数	537		

注：多选题每人可以选择多个品类，百分比是总数/有效填写人数。

如果说从购买记录来看，消费者的购买率一定程度上受到真实品牌传播情况的影响，那么从心理维度的测量上我们可以看出消费者的真实倾向。家用电器、手机、电脑和汽车都属于比较大件的消费品，消费者在购买此类产品时更倾向于选择传播领导者定位的品牌。

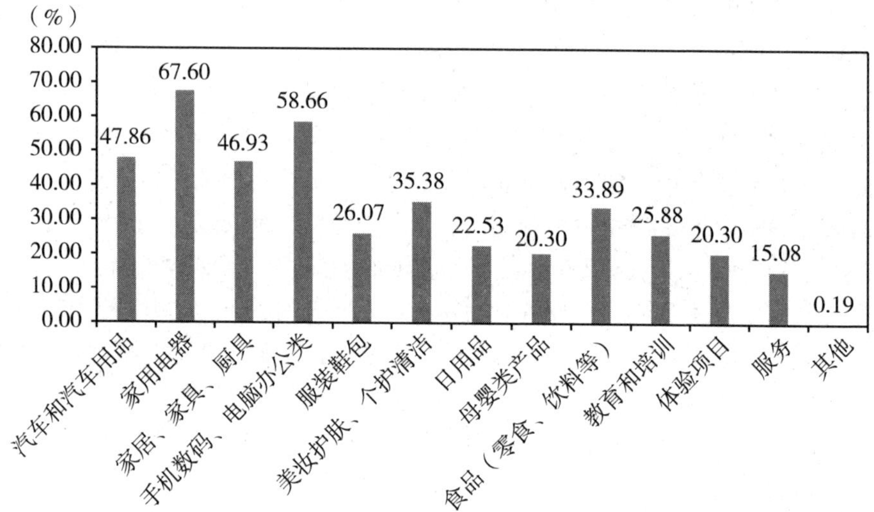

图 3－3　消费者倾向于选择的传播领导者定位品牌的品类统计情况

第二，产品类型。从产品类型上看，消费者的心理倾向与行为维度的分析结果差异不大，仍然是更青睐功能型的产品（80.07%）和公开产品（41.53%）。具体数据如表 3－22 所示。

表 3－22　消费者倾向于选择传播领导者定位品牌的产品类型统计情况

类型类别	总数（人）	百分比（%）	有效百分比（%）
功能型（满足实际功用的产品）	430	80.07	80.07
形象型（提升个人形象、如香水口红等）	203	37.80	37.80
体验型（游乐园等）	126	23.46	23.46
服务型（以无形服务为主，一般没有实体产品）	197	36.69	36.69
公开产品（消费场景是公开的、可视的，产品在社交中发挥重要作用）	223	41.53	41.53
私人产品（消费场景相对来说是非公开的，在购买或使用时并不会被其他人注意）	153	28.49	28.49

续表

类型类别	总数（人）	百分比（%）	有效百分比（%）
其他	1	0.19	0.19
总计	1333		
有效填写人数	537		

注：多选题每人可以选择多个类型，百分比是总数/有效填写人数。

通过分析深度访谈的数据，发现有一些消费者提及了产品是否贵重，以及是否了解这两方面因素对购买决策的影响。因此，问卷中设计了一个问题："您会因为一个产品/服务是某一品类的领导者而购买吗（已知该产品/服务的价格在你可承受的范围之内）？（单选，请选择和您观点最接近的一项，其中'1'代表'一定不会买'；'4'代表'中立'；'7'代表'一定会买'）"（第27题，矩阵量表题）。

通过计算各项的加权平均分，可以发现在面对比较了解的品类时，消费者更倾向于选择传播领导者定位的品牌（见表3－23）。这似乎也说明，消费者会根据自己的经验来选择和购买，传播领导者定位不一定能发挥很大的作用。如果是不太了解的品类，消费者也不倾向于购买"领导者"品牌。此外，在面对比较重要的购买决策、产品比较贵重时，消费者倾向于选择传播领导者定位的品牌。这也与之前的发现相符，因为通过对第28题的分析结果可以看出，家用电器、手机数码、汽车等都属于比较重要和贵重的品类。

表3－23　消费者对其他类型传播领导者定位品牌的倾向性统计情况

倾向于"领导者"品牌的类型	平均分
如果是我比较了解的品类，那么我	5.22
如果是我不太了解的品类，那么我	3.46
如果我认为这个产品/服务对我来说非常重要/贵重，那么我	5.63
如果我认为这个产品/服务对我来说不太重要/贵重，那么我	3.16

3. 问题三的相关发现：领导者定位点不是消费者选择和购买的首要理由

通过之前的数据统计分析可以看到，消费者在过去一年里购买传播领导者定位的品牌比例是比较高的。由此看来，消费者似乎很喜欢领导者定位点。然而，质性研究访谈数据的分析结果认为，消费者并不是由于领导者定位点而选择和购买产品的。因此在问卷中设置了相应的问题来帮助回答这个问题。

(1) 行为维度。首先，从行为维度来分析，消费者是否是因为领导者定位点才购买的。通过对相关题项的分析，我们判断，领导者定位点并不是消费者选择和购买的理由，以下两个方面的分析可以作为证据。

证据1：消费者的实际购买原因

在询问被试过去一年对“领导者”品牌的购买情况以后，问卷针对消费者的购买理由设计了一个问题。在被试回答了购买情况之后，进一步追问：“您购买这个产品/服务是出于以下哪个原因？请给下列购买理由的真实性打分”（第21题，矩阵量表题）。被试被要求按照购买理由的真实性打分，使用7分量表。其中，“1”代表“非常不符合事实”，“4”代表“中立”，“7”代表“非常符合事实”。选项的设置覆盖了四个最主要的营销组合要素，结合研究问题，增加了关于“领导者”品牌的选项。把被试的回答加权平均以后，得到的各项购买原因的平均分如表3-24所示。

表3-24　消费者购买传播领导者定位品牌的原因

购买原因	加权平均分
购买渠道便利	5.98
产品令人满意	5.84
是“领导者”品牌	5.68
宣传力度很大	5.63
价格公道合理	5.26
广告有吸引力	5.13
服务热情周到	5.04

通过被试汇报的对各项购买原因打分的结果可以发现，在被试汇报的购买原因中，排名第一的是“购买渠道便利”，加权平均分为5.98。这也再一次证实了之前质性研究访谈部分的推测：消费者之所以购买传播领导者定位的产品，最主要的原因是传播领导者定位的产品在销售渠道上花费了很高的成本，让消费者更容易购买到该产品。

紧随其后的购买原因是“产品令人满意”，加权平均分为5.84。也就是说消费者购买传播领导者定位的产品，通常是因为产品令人满意。

排名第三和第四的分别是“是‘领导者’品牌”（5.68分）和“宣传力度很大”（5.63分）；排名第五的是“价格公道合理”（5.26分），因为排名第三和第四的两个选项得分非常接近，所以我们对两个选项打分的均值进行了检验。通过T检验，我们发现“产品令人满意”的评分均值显著高于“是‘领导者’品牌”，$t=3.29$，$p<0.01$；但“是‘领导者’品牌”选项的评分均值并不显著高于“宣传力度很大”，$t=0.68$，$p>0.10$。说明宣传力度很大是影响消费者购买的又一个重要原因。传播领导者定位并不是影响消费者购买“领导者”品牌的主要原因。领导者定位点不是消费者选择和购买的首要理由。

证据2：消费者购买的实际过程

通过对消费者购买过程的分析，发现领导者定位点很可能不是消费者选择和购买的理由。

在询问被试过去一年是否购买过“领导者”品牌以后，问卷针对消费者的购买行为设计了三个具体的题目。分别是：“您是第一次购买这个产品/品牌吗?”（第19题，单选题）；“您购买这个产品/服务是出于以下哪个原因?请给下列购买理由的真实性打分”（第20题，矩阵量表题）；“您看过这个产品/服务的广告或其他宣传信息吗?”（第18题，单选题）。这三道题目的数据统计结果如表3－25、表3－26和表3－27所示。

表3－25　消费者是否是第一次购买该品牌

初次购买	总数（人）	百分比（%）	有效百分比（%）	累积百分比（%）
不是	349	95.36	95.36	95.36
是	10	2.73	2.73	98.09
不确定	7	1.91	1.91	100.00
总计	366	100.00	100.00	

表3－26　消费者购买传播领导者定位品牌的真实原因

购买原因	平均分
随便买的，属于冲动消费	2.47
回头客了，买过很多次	5.11
做了认真的研究最后选择了它	4.96

从表 3 – 25、表 3 – 26 数据分析结果来看，95. 36% 的被试表示他们并不是第一次购买这个产品；而且 96. 72% 的消费者表示对这个广告比较熟悉。这就说明，至少在过去一年里，消费者并不是因为该品牌传播了领导者定位而购买的。

表 3 – 27　　消费者对所购买的传播领导者定位品牌广告的了解情况

对广告的熟悉程度	总数（人）	百分比（%）	有效百分比（%）	累积百分比（%）
看过，非常熟悉	172	46. 99	46. 99	46. 99
看过，比较熟悉	182	49. 73	49. 73	96. 72
有点印象，记不清楚了	10	2. 73	2. 73	99. 45
从没看过	2	0. 55	0. 55	100. 00
总计	366	100. 00	100. 00	

关于购买的原因，被试被要求给几个购买原因的真实程度打分，得到的结果是“买过很多次”的加权平均分是 5. 11；“做了认真的研究最后选择了它”的平均分是 4. 96。该题目是由 7 分量表测量的，其中“1”代表“非常不符合事实”，“4”代表“中立”，“7”代表“非常符合事实”。结果足以说明消费者在过去一年中对传播领导者定位品牌的购买是一种习惯行为，并不是因为品牌传播了领导者定位。

（2）心理维度。因为并不是所有的被试在过去一年中都购买过传播领导者定位的品牌。所以问卷还增加了一组问题，直接询问被试的心理倾向，是否会因为领导者定位点而购买一件产品。

通过对相关甄别题项的分析，初步判断消费者并不会因为领导者定位点而购买。以下两个方面的数据分析可以证明这一观点。

证据 1：购买意愿的分析结果

为了追问被试的选择意向，问卷设计了一个相关题项：“您会因为一个产品/服务是某一品类的领导者而购买吗（已知该产品/服务的价格在你可承受的范围之内）？（单选，请选择和您观点最接近的一项）”（第 26 题，单选题）。

如表 3 – 28 所示，有 5. 77% 的被试表示他们不会受到广告宣传的影响，永远只买自己熟悉或性价比高的产品。有接近 19% 的被试表示，他们不太在乎是不是领导者品牌，即不会被领导者定位点打动。大部分被试表示，他们会根据购买的类别来做决定。根据得到的数据，至少对于 67. 78% 的被试来说，领导者定位点并不会，至少不一定会影响他们的购买决策。

表3-28　　消费者对传播领导者定位品牌的购买意愿

对传播领导者定位品牌的购买意愿	总数（人）	百分比（%）	有效百分比（%）	累积百分比（%）
一定不会，我永远只买自己熟悉或者性价比高的产品/服务	31	5.77	5.77	5.77
不一定，我不太在乎买的是不是领导者品牌	101	18.81	18.81	24.58
不一定，要看买的是什么产品/服务	232	43.20	43.20	67.78
一定会，领导者意味着最好的品质，销量多意味着被大众认可	131	24.39	24.39	92.18
一定会，领导者品牌是身份和面子的象征	41	7.64	7.64	99.81
其他	1	0.19	0.19	100.00
总计	537	100.00	100.00	

注：多选题每人可以选择多个选项，百分比是总数/有效填写人数。

证据2：购买动机和理由的分析结果

问卷根据主要的营销要素列举了选项，追问被试的购买动机："您在选择此类产品/服务的时候最在意它的哪些特征？请给以下特征的重要程度打分"（第22题，矩阵量表题）。设置7分量表，其中"1"代表"非常不重要"，"4"代表"中立"，"7"代表"非常重要"。

如表3-29所示，加权平均得分最高的前三个购买动机是"产品质量过硬"（6.2分）、"购买渠道便利"（5.77分）和"价格公道合理"（5.72分），并不包括"是领导者品牌"（加权平均分5.32）。

表3-29　　消费者对传播领导者定位品牌的购买动机

购买动机	平均分
产品质量过硬	6.20
购买渠道便利	5.77
价格公道合理	5.72
是"领导者"品牌	5.32
服务热情周到	5.09
广告有吸引力	4.75

问卷第23题在第22题的基础上变换选项，把利益定位、价值定位、属性定位作为选项供被试选择。经分析发现，利益定位（产品能带来真实可见的利益和效用）加权平均分排名第一；紧随其后的是属性定位（外观、工艺、材料、形态、包装属性良好）；第三位是价值定位，即能带来精神上的体验和享受（见表3－30）。领导者所暗示的“有面子”并不是消费者选择和购买的理由。

表3－30　消费者对传播领导者定位品牌购买理由的评分

购买理由	加权平均分
产品/服务能给我带来真实可见的利益和效用	5.66
产品的外观、工艺、材料、形态、包装等属性很好	5.64
购买和使用它的过程能给我带来精神上的体验和享受	5.48
购买使用/作为礼物送人能让我很有面子	4.74

3.2.5　其他相关发现

对问卷数据的分析还得到了一些有益的发现。

1. 消费者接触广告的类型和渠道

问卷中设置了一道题目：“您平时最经常接触到的广告类型是?（多选，选择所有符合要求的选项）”（第24题）。表3－31的统计结果显示，手机端推送的广告已经成为影响消费者的最重要的传播方式，电视广告的影响依然存在，电脑端网页广告的影响力超过了平面广告。

表3－31　消费者接触广告的类型和渠道描述统计

广告类型	总数（人）	百分比（%）	有效百分比（%）
平面广告（纸媒、公交站和写字楼等广告牌）	289	53.82	53.82
电视广告	395	73.56	73.56
电脑端网页广告	331	61.64	61.64
手机端推送广告（包括App弹窗、公众号软文等）	425	79.14	79.14
其他	4	0.74	0.74
总计	1444		
本题有效填写人次	537		

注：多选题每人可以选择多个选项，百分比是总数/有效填写人数。

2. 消费者对传播内容的看法

问卷中设计了题目，询问消费者对广告传播内容的看法："您认为产品广告应该传播什么样的信息？请给下列做法的必要程度打分"（第30题，矩阵量表题）。从表3－32呈现的各项加权平均分统计结果可以看出，消费者认为广告最应该宣传产品的核心利益和效用，传播领导者的地位并不是十分重要（加权平均分4.85）。

表3－32　　消费者对品牌传播内容的观点

消费者对品牌传播内容的观点	加权平均分
着重宣传产品的核心利益和效用（如止痛，好吃，省钱等）	5.89
着重宣传产品的精神感受和体验（如自信，成功，尊贵等）	5.25
重点宣传产品在行业/品类中的地位（如是某个品类的领导者）	4.85
不宣传其他信息，只反复强调产品/品牌的名称	3.52

3. 消费者对领导者定位点的认知

在3.1节中已经发现，消费者对"领导者"的形象有了新的认识。为了了解更多消费者对领导者定位点的理解，问卷中设计了相应的问题："您认为符合下列哪些条件的可以被称为'市场领导者'？（多选，选择所有符合要求的选项）"（第10题，多选题）。

描述性统计结果再一次验证了质性研究的发现（见表3－33）。消费者对"领导者"的认知已经与传统的定义大不相同了：超过80%的被试认为能够引领某个行业潮流的就是"领导者"品牌；认同度第二高的标准是"在某个品类里知名度最高"（76.35%）；然后才是"在某个品类里市场占有率最高"（73.93%）。

表3－33　　消费者对领导者定位点含义的认知

"领导者"品牌含义	总数（人）	百分比（%）	有效百分比（%）
在某个品类里销量第一	261	48.60	48.60
在某个品类里市场占有率最高	397	73.93	73.93
在某个品类里知名度最高	410	76.35	76.35
进入某个行业/品类最早	131	24.39	24.39

续表

“领导者”品牌含义	总数（人）	百分比（%）	有效百分比（%）
能够引领某个行业/品类的潮流	448	83.43	83.43
其他	6	1.12	1.12
总计	1653		
本题有效填写人次	537		

注：多选题每人可以选择多个选项，百分比是总数/有效填写人数。

4. 消费者购买领导者定位点产品的用途

通过质性研究的深度访谈发现，“送礼”也是传播领导者定位品牌的一个重要用途。并且在赠送礼物的购买情境下，对传播领导者定位的品牌产品态度更好，购买意愿更强。表3－34的统计结果证明，在过去一年购买过“领导者”品牌的消费者中，除了自己使用以外，作为礼物送给他人也是一个主要的用途。

表3－34　消费者对传播领导者定位品牌的用途描述情况

购买动机	总数（人）	百分比（%）	有效百分比（%）
留给自己使用	288	78.69	78.69
作为礼物送给别人	139	37.98	37.98
总计	427		
有效填写人次	366		

注：多选题每人可以选择多个选项，百分比是总数/有效填写人数。

3.2.6　大样本问卷调查结论

通过大样本问卷调查的探索，回答了在第3.2节中提出的三个研究问题。

第一个问题是“什么类型的消费者更倾向于选择传播领导者定位的品牌”。由文献得出的理论框架，以及3.1节的研究都发现，消费者特质是影响消费者对传播领导者定位品牌产品态度和购买意愿的重要因素。不同于质性研究对消费者特点的挖掘，大样本问卷更加侧重于分析与人口统计变量有关的类型。通过数据分析发现，领导者定位点对消费者的作用不受性别和年龄段的影响，在事业单位工作和工作身份接近领导者的消费者更偏爱“领导者”品牌。另外，四线城市过去一年购买过传播领导者定位品牌的消费者比例是最高的。

第二个问题是“什么品类/类型的品牌传播领导者定位更有效”。从消费者的实际购买情况来看，传播领导者定位的食品、家用电器、家居家具厨具类品牌是最受消费者欢迎的。但是消费者对家用电器、手机数码和汽车等品类传播领导者定位的品牌购买意愿更强。总的来说，在公开使用的产品和功能型的产品里传播领导者定位更容易被消费者接受。

第三个问题是“领导者定位点是否是消费者选择和购买的理由”。在对质性研究访谈数据的分析里就提出了这样一个疑问。通过大样本问卷调查的探索，得出的结论是传播领导者的定位对于一些品类，针对具备一定特点的消费者来说有效，但领导者定位点并不是消费者选择和购买产品的首要理由。

大样本问卷调查还发现，消费者接触传播信息的渠道发生了变化，对品牌传播内容的看法和对领导者定位点的认识也与以往有所不同。与质性研究的发现相同，赠送礼物情境是研究传播领导者定位不能忽略的一个重要情境。

除此之外，大样本问卷调查研究对产品品类、产品类型和消费情境的发现为下一步行为实验的研究设计提供了依据。

3.3 探索性研究小结

通过质性研究和大样本问卷调查两个探索性研究，进一步明确了本书研究问题的框架（见图3－4）。

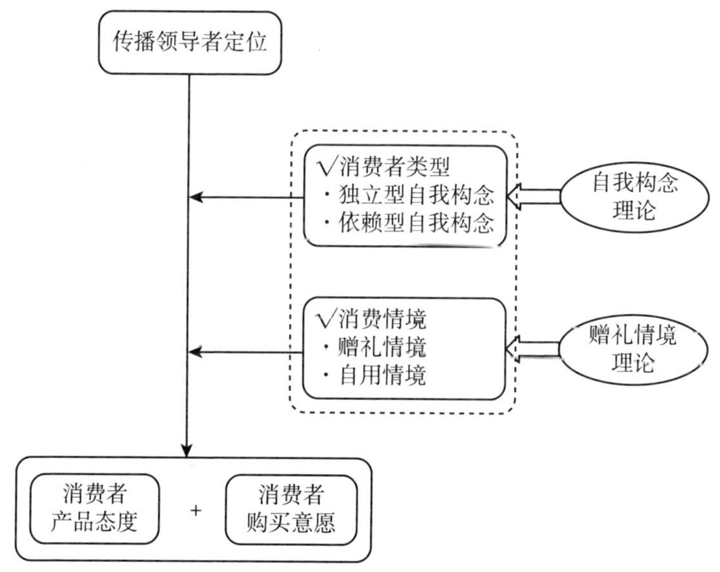

图3－4 传播领导者定位对消费者产品态度和购买意愿影响的研究框架

此前在文献回顾的基础上已经建立了传播领导者定位对消费者产品态度和购买意愿影响的理论框架（见图2－3）。该框架汇总了过往研究中出现的所有可能对消费者产品态度和购买意愿产生影响的要素和中介调节变量，涉及的概念过于庞杂，范围不够聚焦，且框架中呈现的影响因素和影响路径不一定全部成立。

探索性研究的研究发现对基于现有理论构建的理论框架进行了检验。发现传播领导者定位对消费者产品态度的影响因素和路径与购买意愿基本重叠，可以合并研究。此外，通过质性研究的访谈数据分析，排除了一些没有出现的调节因素和影响路径。把下一步研究的注意力聚焦到消费者特质和产品消费场景两个因素上。如图3－5所示，变量前标记为“×”的是在探索性研究中没有出现的因素，标记为“√”的是在探索性研究中已经研究了的变量，标记为“★”的是需要在下一步研究中深入挖掘的变量。

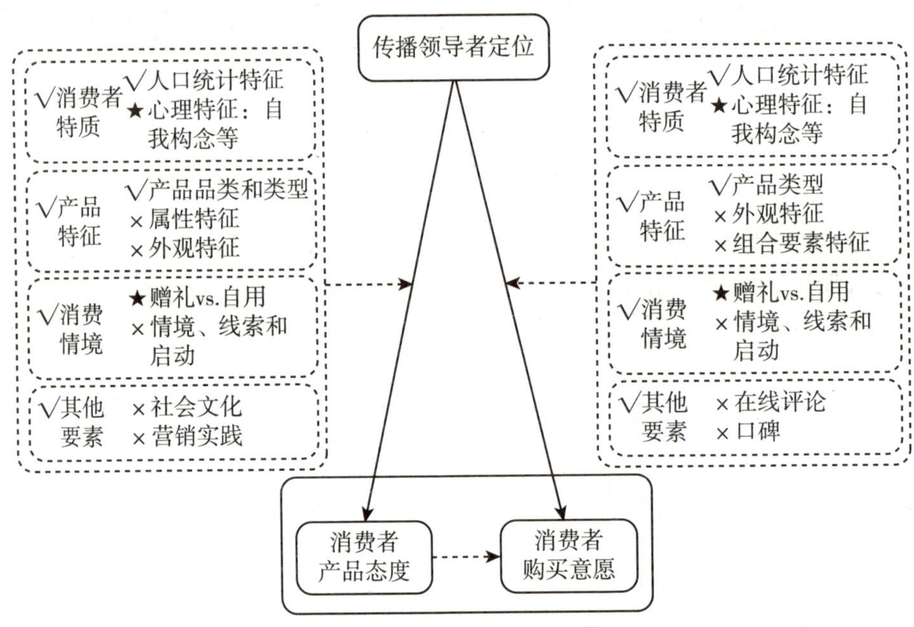

图3－5　探索性研究对基于文献构建的理论框架的检验和修正

传播领导者定位对消费者产品态度和购买意愿的影响受到两个方面因素的影响。一是消费者的特征，包括人口统计特征和消费者自我构念水平这两个方面。其中，人口统计特征包括性别、年龄、工作、岗位、受教育程度等。在大样本问卷调查部分已经汇报了传播领导者定位对不同性别、不同年龄段、不同工作、岗位、受教育程度的消费者的影响。而传播领导者定位对具有不同心理特征（自我构念水平不同）的消费者的产品态度和购买意愿有怎样的影响还需要进一步研究。

二是消费情境，在大样本问卷调查部分已经分析了不同品类和类型的品牌传播领导者定位对消费者的影响。在访谈中提及传播领导者定位的品牌时，许多消费者提到了赠礼情境。

通过质性研究的探索性研究发现，在不同情境下，消费者对于传播领导者定位的产品态度和购买意愿是不尽相同的。消费者在赠礼情境和自用情境下有不同的考虑，因此对传播领导者定位品牌的产品态度和购买意愿也不同。需要通过行为实验的方式来进一步细致研究。

基于探索性研究的发现，整理形成了新的研究框架（见图 3－5），本书第 4 章将从消费者类型的角度出发，研究传播领导者定位对不同类型消费者产品态度和购买意愿的影响；第 5 章将从不同消费情境视角入手，研究传播领导者定位对不同情境下消费者产品态度和购买意愿的影响。

第4章

传播领导者定位对不同类型消费者产品态度和购买意愿的影响研究

前面已经通过质性研究深度访谈发现，重视集体概念、在意他人评价、期望与他人一致的消费者对传播领导者定位的品牌表现出了一定的偏好。而与之相对应的，重视自我、不太在意他人看法的消费者，对传播领导者定位品牌的产品态度和购买意愿都相对较低。

本章从自我构念角度解释这一现象，设计了四个消费者行为实验检验具有不同自我构念水平的消费者对传播领导者定位品牌产品态度和购买意愿的差异，并且探索消费者独特性需求（回避相似性）的中介作用。

4.1 理论背景与假设推理

4.1.1 自我构念

自我构念（self-construal）是个体理解和看待自我与他人之间关系或自我与他人之间区别的想法、感觉和行动的集合（Singelis，1994）。自我构念反映了自我如何理解个人与他人的关系（Markus and Kitayama，1991）。自我构念的两个极端分别是独立型自我构念（independent self-construal）和依赖型自我构念（interdependent self-construal），很多学者也把依赖型自我构念译作相依型、互依型、依存自我构念（姚卿、陈荣、赵平，2011；张红霞等，2013；王海忠、范孝雯、欧阳建颖，2017）。

由独立型自我构念主导的个体倾向于认为自己与社会的关系是相对独立的。他们在沟通中倾向于直截了当地表达自我，强调内在的能力、想法和感受。在提及他人时，也更加关注他人作为独立个体的特征和属性，而非与之相关的社会情境和背景（Markus and Kitayama，1991；Singelis，1994）。由依赖型自我构念主导的个体则更加倾向于强调外部的公共特征，如地位、角色和关系等。他们强调自己的归属，希望能够在合适的位置表现出得体的行为从而与外部环境契合。当提及他人时，具有依赖型自我构念的个体倾向于认为个体之间是互相联系的，个人和他人都不可能单独存在，而是嵌入在整体的社会环境中。和谐的人际关系和适应多种情境的能力是他们建立自尊的重要来源。因此他们在表达上比较委婉含蓄，时时通过自己与他人的关系和环境因素来规范自己的行为（Markus and Kitayama，1991；Singelis，1994）。

个体的自我构念水平在跨文化研究中通常被认为是相对稳定的。由于受到社会和文化的影响，自我构念水平是一种长期习得的个人特质，是文化价值观的重要维度之一（Markus and Kitayama，1991；Wang and Mowen，1997；唐桂梅，2010）。很多跨文化研究认为西方人通常表现出更强的独立型自我构念，更崇尚个人主义；而以中国人为代表的东方人更倾向于依赖型的自我构念，更加关注和强调集体主义（Markus and Kitayama，1991；Markus，Kitayama and Heiman，1997）。然而随着全球文化的交融，许多研究都发现情境因素也可以短暂地改变个体的自我构念水平（Oyserman et al.，2002；王海忠、江红艳、江莹等，2010）。且同一文化中个体的自我构念也存在差异。每个人都同时拥有两种自我构念，这两种自我构念之间的强弱对比最终决定了个体所呈现的自我特征（Gardner，Gabriel and Lee，1999；Lee，Aaker and Gardner，2000；Choi，Koo and Choi，2007）。可以通过启动手段使得某种自我构念暂时处于主导地位。当个体被赋予"我"的概念时，独立型自我会被激发从而更加显著；相反，当个体被赋予"我们"的概念时，依赖型自我会更加显著（Brewer and Gardner，1996；Garder et al.，1999）。

4.1.2 自我构念的相关研究

研究表明，自我构念水平对个体认知、动机、情绪和行为都具有一定的影响（Markus，Kitayama and Heiman，1997）。有学者认为，由不同类型自我构念主导的消费者在做出判断和决策时所依赖的线索不同，关注的焦点也不同。对于独立型自我构念主导的消费者来说，做决定是为了实现自己的目标和满足个人的需求，因此会倾向于从感觉出发（Hong and Chang，2015）。而依赖型自我构念主导的消费者做决定时也会关注他人，因此更容易采纳他人的意见（Aaker and Maheswaran，1997；Park and Sun，2001；Hong and Chang，2015）。有学者认为，具有独立型自我构念的西方人更关注他人对自我的称赞，对来自他人的批评持有批判性的态度（Frey and Stahlberg，1986）。而具有依赖型自我构念的东方人，如中国人则更倾向于关注他人对自我的批评并对此作出调整（Heine and Lehman，1999）。有学者的研究表明，独立型自我的人更加偏好“愉悦”，依赖型自我的人则更加倾向于规避“伤害”（Aaker and Lee，2001）。

对于自我构念的探究也是消费者行为研究的重要命题之一。有研究认为具有独立型自我构念的消费者更偏好趋利诉求的广告，具有依赖型自我构念的消费者则更容易受到避害性诉求广告的吸引（张红霞等，2013）。通过行为实验的验证，有学者发现，相比于具有依赖型自我构念的消费者，独立型自我构念主导的消费者产生冲动性消费的可能性更大（Zhang and Shrum，2009）。姚卿等（2011）的研究发现，无论广告类型是强说服还是弱说服，想象广告都能显著提高具有独立型自我构念的消费者购买意愿；而对于依赖型自我构念主导的消费者，只有强说服的想象广告才能起到效果。也有学者发现具有独立型自我构念的消费者更倾向于选择多角而非圆润的品牌标识（王海忠、范孝雯、欧阳建颖，2017）。

4.1.3 自我构念与领导者定位点

品牌积极传播领导者定位，通常是希望向消费者传达一种形象，那就是在某个细分市场或者具体品类中，该品牌为广大消费者熟知并接受。领导者定位点通常意味着该品牌与同细分市场的其他产品相比，各项指标的表现相对稳定。消费者在对该品类不太熟悉的时候，购买“领导者”品牌是一种相对安全的选择。

独立型自我构念者强调个体的相对独立，倾向于依赖感觉做出判断和决定（Hong and Chang，2015）。而依赖型自我构念主导的消费者希望自己能够成为契合所在群体的一部分，因此更加关注所在环境的规范，认知和决策容易受到他人意见的影响（Aaker and Maheswaran，1997；Park and Sun，2001；Hong and Chang，2015）。另外，也有学者的研究表明，独立型自我构念者更关注促进导向信息（promotion-focused information），而依赖型自我构念者更关注预防导向信息（prevention-focused information）（Lee，Aaker and Gardner，2000）。也就是说，与独立型自我构念者相比，具有依赖型自我构念的消费者会更加关注自己做的选择是不是能够规避风险，相对于其他人是否“正确”，选择是不是能够被社会群体认可和接纳。因此，他们更倾向于选择不容易出错的、相对安全、符合大众偏好的品牌。

由此可以做出推断，与具有独立型自我构念的消费者相比，具有依赖型自我构念的消费者更加偏好传播领导者定位的品牌。值得注意的是，个体的自我构念是可以被启动的，当消费者被赋予“我们”的概念时，依赖型自我会更加显著。此时，消费者也会更加偏好传播领导者定位的品牌。由此，作出假设：

H1：相比于具有独立型自我构念的消费者，品牌传播领导者定位对于具有依赖型自我构念的消费者更有效；

H1a：相比于具有独立型自我构念的消费者，具有依赖型自我构念的消费者对传播领导者定位品牌的产品态度更好；

H1b：相比于具有独立型自我构念的消费者，具有依赖型自我构念的消费者对传播领导者定位品牌的购买意愿更强。

4.1.4 独特性需求的中介作用

消费者独特性需求（consumers' need for uniqueness）一般被定义为消费者通过购买、使用和处置消费品的方式表现得与他人不同，以此来建立和改善自我形象的需求（Tian，Bearden and Hunter，2001）。

消费者独特性需求的概念源于独特性理论（theory of unique）（Snyder and Fromkin，1977）。根据独特性理论，在社会环境中，当个体发现自己与他人高度相似时，会激发出想要让自己与众不同的需求。此时个体倾向于通过有辨识度的差异化行为来标识自己的独特性。相比于用知识（information）、经历（experience）等方式，用物质（possession）形式表达是相对更为安全的方式（Snyder，1992）。物作为个体的延伸，是个体特质的反映，因此在消费社会中，对自身独特性的追求通常体现为对独特性产品的选择。

有一些学者用三个维度来描述消费者的独特性需求：创造性选择的逆反、非主流选择的逆反、回避相似性。其中前两个维度体现了消费者想要区别于他人而产生的选择逆反，创造性的选择和非主流的选择可能会赢得他人的积极评价，同时也需要承担不被群体认可甚至贬低的风险。回避相似性相对来讲是一种更加被动和容易的选择，是指消费者有意回避不再选择和使用那些非常流行和常见的商品（Tian，Bearden and Hunter，2001）。

消费者所处的文化背景（Markus and Kitayama，1991；Kim and Markus，1999；Rajamma et al.，2010；Liang and He，2012）、情境因素（Levav and Zhu，2009；IJzerman and Semin，2010）和个体差异等都被认为会影响消费者独特性需求（Huang，Dong and Mukhopadhyay，2014；王海忠、范孝雯、欧阳建颖，2017）。

一些跨文化的研究认为，相比较而言，欧美消费者比东亚消费者的独特性需求更强（Kim and Markus，1999）。但也有学者认为，不同文化背景下个体的独特性需求大体相似，西方消费者对独特性的需求并没有显著的超越东方消费者（Rajamma，Lou and Hsu et al.，2010；Liang and He，2012）。

有关情境因素的研究成果丰富。有关物理情境的研究包含了身体距离、环境温度等方面（Levav and Zhu，2009；IJzerman and Semin，2010；Xu，Shen and Wyer Jr，2012；Huang，Zhang and Hui et al.，2014）。研究认为通过启动某种概念也会影响消费者的独特性需求。例如，当消费者被启动从而产生了权利感时，会倾向于抛弃社会规范，寻求独特性（Rucker and Galinsky，2008；Zou，Jin and He et al.，2014）。当个体被启动了金钱概念时，希望在他人面前保持自己的独特形象，从而表现出一些反从众的独特行为（Liu，Smeesters and Vohs，2012；赵建彬，2014；Ma，Fang and Zhang et al.，2017）。

在个体差异方面，个体如何认知自我概念影响消费者对独特性的追求已经成为许多研究者的共识。有研究认为，自恋的消费者更倾向于表达自我，因此会乐意选择满足独特性需要的东西（Lee，Gregg，Park and Sun，2013）。骄傲是自我意识情绪的一种（Tracy and Robins，2004），骄傲的人对自己的智力和能力非常有信心，感到自己是一个特殊的个体，因此会更加追求独特（Huang，Dong and Mukhopadhyay，2014）。具有独立型自我构念的消费者倾向于认为个体是相对独立于集体而存在的，更关注自己与他人的差异和独特性，因此也会表现出较强的独特性需求。而由依赖型自我构念主导的消费者更加关注与他人的共性，希望能够和谐地嵌入社会集体中，因此不容易表现出对大众选择的抗拒和独特性的追求（王海忠、范孝雯、欧阳建颖，2017）。

独特性需求强烈的消费者在消费行为上会表现出一定的特征。对于独特性的追求可能会导致消费者刻意追求多样化，或者选择他人没有选择的产品（Ariely and Levav，2000；Kim and Drolet，2003）。具有强烈独特性需求的消费者对新产品的接受速度更快，品牌的转换意向也更高（Amaldoss and Jain，2005；Kao，2013）。消费者独特性需求会导致个体更加偏好独特和稀缺的产品（Snyder，1992）。西蒙森（Simonson，2001）等发现，高独特性需求的消费者不喜欢跟随主流观念，因此比较不容易受大众口碑的影响。消费者独特性需求水平越高，其对产品的感知独特性就越强（Song and Lee，2013），独特性需求较高的消费者渴望拥有独特的产品，也更偏好具有独特性设计的产品（Simonson and Nowlis，2000）。

传播领导者定位的品牌通常意味着被大多数人的群体选择和认可，而独特性需求较高的消费者具有比较强烈的回避相似性的需求（avoidance of similarity），对那些已经开始为大众接受的普通产品逐渐丧失了兴趣。回避相似性还意味着具有高独特性需求的消费者对开始变得普通的产品的评价会相对降低（devaluing），同时也会尽量避免购买这些被认为非常一般和常规的产品或品牌（avoiding the purchase）（Tian，Bearden and Hunter，2001）。由此可以推测，具有高独特性需求的消费者对传播领导者定位的品牌的产品态度和购买意愿都不会很高。但独特性需求较低的消费者回避相似性的需求不高，相对而言更容易被以领导者为定位点、大众认可又相对安全的品牌所吸引。

综合以上可以推断，具有独立型自我构念的消费者更关注个体的差异，追求独特，回避相似性，因此对传播领导者定位的品牌不会产生很强的偏好。品牌传播领导者定位，是通过与其他产品的比较来突出自己的地位。比较符合具有依赖型自我构念消费者的认知，即关注他人并依据他人的看法来调整自己的行为。与具有独立型自我构念的消费者相比，受依赖型自我构念主导的消费者独特性需求较弱，回避相似性的需求也不强，也因此更加偏爱传播领导者定位的品牌。由此，作出假设：

H2：消费者独特性需求在自我构念和传播领导者定位品牌偏好之间发挥中介作用。

4.2 实验1

4.2.1 实验目的

实验1的主要目的是检验传播领导者定位对具有不同自我构念消费者的影响，即检验假设H1。实验1采用单因素2水平（自我构念：独立型 vs. 依赖型）被试间实验设计。

4.2.2 预实验1

1. 预实验1的实验设计和过程

实验1准备采用圈写代词的方法来启动被试的自我构念（Brewer and

Gardner，1996）。在实验 1 开始之前，用预实验对实验 1 即将采用的自我构念启动方式进行前测。前测的目的是检验自我构念启动方式的有效性。

预实验 1 中自我构念的启动方法具体操作如下：

首先，请两组被试分别阅读一段文字材料，独立型自我构念组与依赖型自我构念组两个版本的唯一区别在于材料中人称代词不同。独立型自我构念组的人称代词是单数形式的“我”或“我的”，依赖型自我构念组的人称代词是复数形式的“我们”或“我们的”（唐桂梅，2010）。材料中的关键人称代词都使用了加粗字体，且字体颜色为红色。被试被随机分到这两个组中，分别阅读不同版本，要求找出其中所有的人称代词，并汇报数量。两个组的人称代词数量都是 17 个。

为了检验启动操纵的有效性，被试在阅读材料之后需要回答两道题目来完成检验。第一题是请被试选择，上面材料中出现最多的是“我”“我的”还是“我们”“我们的”，回答错误的问卷将被删除。第二题是请被试填写人称代词的数量。在含有 17 个人称代词的材料中数出 15 个以上的被认为合格，不合格的问卷将被剔除。

随后，被试被要求填写独立型/依赖型自我构念量表。有学者基于自我构念研究理论，建立了包含 24 个题项的自我构念量表（self-construal scale，SCS)，并将这份量表划分为独立型自我和依赖型自我两个维度（Singelis，1994）。由于内部效度不是非常理想，在两个维度各包含 12 个题项的基础上又分别增加了 3 个题项，效度和拟合优度得到优化。许多学者在这一修订版本基础上进行了翻译和反复检验，作者选取的就是修订后版本的中文译版（唐桂梅，2010）。

2. 预实验 1 的研究结果

一共有 57 名被试参与了预实验 1，其中 28 人被随机分配到独立型自我构念启动组，29 人在依赖型自我构念启动组。取独立自我构念测量题项（Cronbach's $\alpha = 0.772$）的均值和依赖自我构念测量题项（Cronbach's $\alpha = 0.733$）的均值分别作为两种自我构念水平的得分。结果显示：独立型自我构念启动组的独立自我构念得分（$M_{独立型} = 5.20$，$SD = 0.49$）显著高于依赖自我构念得分（$M_{依赖型} = 4.96$，$SD = 0.50$），$df = 27$，$t = 5.55$，$P < 0.01$；依赖型自我构念启动组的依赖自我构念得分（$M_{依赖型} = 5.26$，$SD = 0.57$）显著高于独立自我构念得分（$M_{独立型} = 4.79$，$SD = 0.54$），$df = 28$，$t = 6.72$，$P < 0.01$。没有被试猜出此次实验的真实目的，因此可以判断预实验 1 对自我构念的操纵是成功的，可以在正式实验中使用。

4.2.3 实验设计和过程

1. 刺激物选择

实验1选用的刺激物是拉杆箱。通过之前的大样本问卷调查发现，消费者在家用电器、家居用品、手机数码等几个品类中更倾向于选择传播领导者定位的品牌。因此，在接下来的实验中都尽量在这几个品类里选择刺激物。

在实验真实测量时选择的刺激物都不是现实生活中真实存在的品牌。对于向被试呈现的广告内容也进行了简化，避免对被试产生不必要的信息干扰。

2. 实验程序

实验1的正式实验流程如下：

首先，被试打开电子版实验问卷，在阅读简单的实验说明之后被随机分配到两个组，这两个组分别是独立组和依赖组。被试被要求阅读页面呈现的材料，材料与预实验1中的自我构念启动材料相同。材料中的关键人称代词（独立型自我构念组是“我”和“我的”；依赖型自我构念组是“我们”和“我们的”）使用了加粗的红色字体。被试阅读材料之后需要选出材料中出现的人称代词是什么，并且填写人称代词的个数。

其次，完成阅读自我构念启动材料和数词检验之后，所有被试都会看到一张广告图片。图片上有一个拉杆箱和一句广告语，广告语内容是“聚碳酸酯拉杆箱领导者，全网销量领先”。为了检验广告传播领导者定位的操纵效果，被试在阅读广告之后需要回答：“您认为这则广告是在宣传品牌的‘领导者’地位吗?”（“1”代表“一定不是”，“4”代表“中立”，“7”代表“一定是”）。

最后，被试被要求回答对广告中出现的产品/品牌的产品态度和购买意愿。回答完所有问题之后，所有被试都将填写年龄段和性别等人口统计信息，并猜测研究目的。所有认真完成答卷的被试都会获得少许报酬。

3. 变量测量

（1）产品态度。关于产品态度的测量，实验1借鉴了现有文献中对于产品态度的测量方法（Coyle and Thorson，2001），并依据大样本问卷调查的发现做了适当调整。最终确定用来测量产品态度的四个题项分别是：第一，我认为广告中出现的产品："1"代表"非常不好"，"4"代表"中立"，"7"代表"非常好"；第二，我认为广告中出现的产品对我来说："1"代表"非常没有吸引力"，"4"代表"中立"，"7"代表"非常有吸引力"；第三，我认为广告中出现的产品："1"代表"质量非常差"，"4"代表"中立"，"7"代表"质量非常高"；第四，我对广告中出现的产品："1"代表"非常不喜欢"，"4"代表"中立"，"7"代表"非常喜欢"。用以上四道题目得分的平均分作为消费者产品态度（Cronbach's $\alpha = 0.782$）的测量值。

（2）购买意愿。关于产品购买意愿的测量也借鉴了前人的经验，变换语义测量消费者购买产品的可能性（Petrova and Cialdini，2005）。最终选择用于测量的三个题项分别是：第一，在预算许可的条件下，我会购买广告中的产品："1"代表"根本不会"，"4"代表"中立"，"7"代表"一定会"；第二，在预算许可的条件下，我愿意购买广告中的产品："1"代表"非常不愿意"，"4"代表"中立"，"7"代表"非常愿意"；第三，在预算许可的条件下，我购买广告中的产品的可能性更接近于："1"代表"完全不可能"，"4"代表"中立"，"7"代表"非常可能"。采用以上三个题目的平均分作为对消费者购买意愿的测量值（Cronbach's $\alpha = 0.791$）。

4.2.4 数据结果和讨论

实验1共招募到63名被试，问卷通过一家网络调查公司收集获得。调查公司在发放问卷时会对被试随机分组，避免重复答卷，并且根据答卷时间和答题质量进行初步排查。实验1共回收问卷63份，其中有4份问卷不符合答卷质量要求被剔除。最终获得有效问卷59份，其中，独立型自我构念启动组29份，依赖型自我构念启动组30份。男性样本28个（47.5%），女性样本31个（52.5%）。样本的平均年龄在25～29岁。传播领导者定位操纵成功（$M = 5.56$，$SD = 0.86$），没有被试猜出实验意图。

产品态度和购买意愿都应用了变换语义的问法，使用多个题项对同一变量进行测量。用各自题项的平均值作为消费者产品态度和购买意愿的测量值。如图4－1所示，单因素方差分析结果表明，独立型自我构念组的产品态度显著低于依赖型自我构念组，$M_{独立型} = 5.19 < M_{依赖型} = 5.73$，$F(1,57) = 9.44$，$P < 0.01$。H1a得到验证。依赖型自我构念组的购买意愿显著高于独立型自我构念组 $M_{依赖型} = 5.73 > M_{独立型} = 5.25$，$F(1,57) = 4.50$，$P < 0.05$。H1b得到了验证。假设H1成立。相比于独立型自我构念主导的消费者，品牌传播领导者定

位对于具有依赖型自我构念的消费者更有效。这说明，当消费者被赋予“我们”的概念时，依赖型自我会更加显著，此时，消费者也会更加偏好传播领导者定位的品牌。

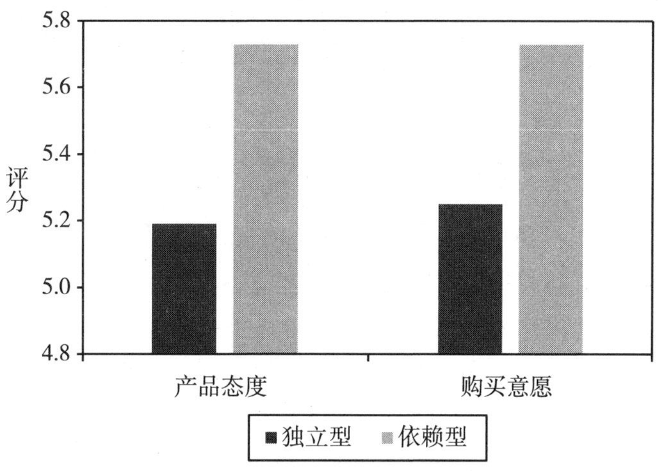

图4－1　实验1结果

4.3　实验2

4.3.1　实验目的

实验2的主要目的是通过变换自我构念水平的启动方法和选择新的实验刺激物，继续检验传播领导者定位对不同自我构念水平消费者的影响。与实验1一样，实验2仍然采用单因素2水平（自我构念：独立型 vs. 依赖型）被试间实验设计。

4.3.2　预实验2

1. 预实验2的实验设计和过程

在实验2中将要变换一种新的自我构念水平的启动方式。预实验2的目的是检验新自我构念启动方式的有效性。预实验2采用消费者行为实验中常用的自我构念启动方式（Trafimow et al.，1991）。分别让两组被试回答不同的问题：独立型自我构念的启动组被试需要回答的问题是，描述自己与家人和朋友之间的三个不同之处（激发相异性），以及写出自己对未来的两个期望；依赖型自我构念的启动组被试需要回答的问题是，描述自己与家人和朋友的三个相同之处（激发相似性），以及家人和朋友对自己的两个期望。两组被试按要求回答问题之后，需要填写独立型/依赖型自我构念量表（同实验 1 的预实验 1 相同）。

2. 预实验 2 的研究结果

72 名被试参与了预实验 2，其中 34 人被随机分配到独立型自我构念启动组，38 人在依赖型自我构念启动组。

依然取独立自我构念测量题项（Cronbach's $\alpha=0.767$）的均值和依赖自我构念测量题项（Cronbach's $\alpha=0.797$）的均值分别作为两种自我构念水平的得分。结果显示：独立型自我构念启动组的独立自我构念得分（$M_{独立型}=5.27$，$SD=0.59$）显著高于依赖自我构念得分（$M_{依赖型}=4.63$，$SD=0.70$），$df=33$，$t=4.53$，$P<0.01$；依赖型自我构念启动组的依赖自我构念得分（$M_{依赖型}=5.27$，$SD=0.64$）显著高于独立自我构念得分（$M_{独立型}=4.74$，$SD=0.68$），$df=37$，$t=6.30$，$P<0.01$。以上研究结果表明，预实验 2 的自我构念水平启动方式是成功的，可以在实验 2 的正式实验中使用。

4.3.3 实验设计和过程

1. 刺激物选择

实验 2 选用的刺激物是床上用品四件套，依然没有采用真实的品牌，也尽量简化了广告内容。实验刺激物的选择标准与实验 1 相同，这里不做赘述。

2. 实验程序

实验 2 的正式实验流程如下：

首先，被试打开电子版实验问卷，在简单的说明和导引之后被随机分配到独立组和依赖组中。两组被试分别回答两个问题：独立型自我构念的启动组被试被要求描述自己与家人和朋友之间的三个不同之处（相异性），以及写出自己对未来的两个期望；依赖型自我构念的启动组被试需要描述自己与家人和朋友的三个相同之处（相似性），以及家人和朋友对自己的两个期望。

其次，完成自我构念启动题目之后，所有被试都会看到一张广告，广告上有一张床上用品四件套的图片，广告语是“南极绒纯棉四件套，纯棉家居的市场领导者”。为了检验传播领导者定位的操纵效果，被试在阅读广告之后需要回答：“您认为这则广告是在宣传品牌的‘领导者’地位吗?”（“1”代表“一定不是”，“4”代表“中立”，“7”代表“一定是”）。

最后，被试被要求回答对广告中出现的产品/品牌的产品态度和购买意愿。回答完所有问题之后，所有被试都将猜测研究目的，并且填写年龄段和性别等人口统计信息。被试在提交答卷之后会通过答题平台获得少许报酬。

3. 变量测量

因变量产品态度和购买意愿的测量与实验1做法相同，在这里不做重复说明。测量产品态度的四个题项的克隆巴赫阿尔法值（Cronbach's $\alpha=0.778$）和购买意愿的克隆巴赫阿尔法值（Cronbach's $\alpha=0.793$）都达到了可以接受的水平。可以采用几个题目的平均分作为产品态度和购买意愿的测量值。

4.3.4 数据结果和讨论

一共有55名被试参与了实验2的正式实验。通过网络平台收集问卷并对答卷时间和样本质量初步排查之后共得到有效问卷53份。其中，独立型自我构念启动组27份，依赖型自我构念启动组26份。男性样本22个（41.5%），女性样本31个（58.5%）。样本的平均年龄在25~29岁。传播领导者定位操纵成功（$M=5.81$，$SD=0.57$），没有被试猜出实验意图。

用各自题项的平均值分别作为产品态度和购买意愿的测量值。如图4-2所示，单因素方差分析结果表明，独立型自我构念组的产品态度显著低于依赖型自我构念组，$M_{独立型}=4.66<M_{依赖型}=5.35$，$F(1,51)=15.802$，$P<0.01$；依赖型自我构念组的购买意愿显著高于独立型自我构念组，$M_{依赖型}=5.62>M_{独立型}=5.23$，$F(1,51)=13.50$，$P<0.01$。H1又一次得到验证。相比于独立型自我构念主导的消费者，品牌传播领导者定位对于依赖型自我构念主导的消费者影响更大。说明在新的启动方式下，当消费者想到自己与他人的差异时，独立型自我会更加显著；当消费者想到自己与他人的相似之处时，依赖型自我构念被暂时激活，此时，消费者会更加偏好传播领导者定位的品牌，表现为产品态度更好，购买意愿更强。

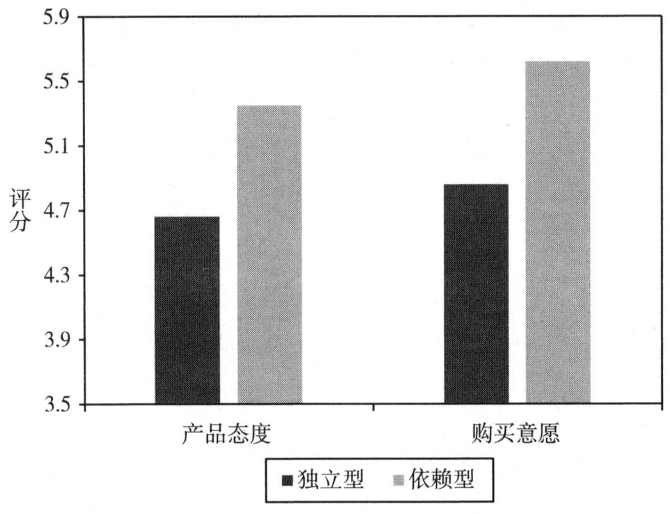

图 4 –2　实验 2 结果

4.4　实验 3

4.4.1　实验目的

实验 3 的主要目的是通过直接测量自我构念水平的方法来检验传播领导者定位对具有不同自我构念水平消费者的影响。实验 3 采用单因素 2 水平（自我构念：独立型 vs. 依赖型）被试间实验设计。

4.4.2　实验设计和过程

1. 刺激物选择

实验 3 选用的刺激物是运动手环。按照与实验 1 相同的选择标准，选择了新的刺激物，与实验 1、实验 2 类似，广告图片中没有真实的品牌名称，也没有过多的产品说明。

2. 实验程序

实验 3 的正式实验流程如下：

首先，被试打开实验问卷，阅读实验导引和说明，随后填写自我构念水平的量表。量表同预实验 1 使用的量表相同，即自我构念量表修订后版本的中文译版（唐桂梅，2010）。

其次，完成量表之后，所有被试都会看到一张广告。广告上有一张运动手环的图片，广告语是“智能运动计步领导者，全网销量遥遥领先”。为了检验传播领导者定位的操纵效果，被试在阅读广告之后需要回答：“您认为这则广告是在传播品牌的‘领导者’地位吗?”（“1”代表“一定不是”，“4”代表“中立”，“7”代表“一定是”）。

最后，被试被要求回答对广告中出现的产品/品牌的产品态度和购买意愿。回答完所有问题之后，所有被试都将填写年龄段和性别等信息，尝试猜测实验目的，并通过答题平台获得少许奖励。

3. 变量测量

（1）自我构念的测量。根据被试所填量表的相关题项进行分析，发现独立型自我构念（Cronbach's $\alpha=0.788$）和依赖型自我构念（Cronbach's $\alpha=0.789$）的测量都达到了可以接受的标准，因此分别计算独立型自我构念测量题项和依赖型自我构念测量题项的均值，以此作为对应变量的测量得分。如果独立自我构念的得分高于依赖自我构念的得分，则归入独立型自我构念组；如果依赖自我构念的得分高于独立自我构念的得分，则归入依赖型自我构念组。

（2）产品态度和产品意愿的测量。产品态度和购买意愿的测量与实验 1 和实验 2 相同，在这里不做重复说明。测量产品态度的四个题项的克隆巴赫阿尔法值（Cronbach's $\alpha=0.802$）和购买意愿三个题项的克隆巴赫阿尔法值（Cronbach's $\alpha=0.791$）都达到了可以接受的水平。因此，采用各自题项的平均分作为因变量测量值。

4.4.3 数据结果和讨论

正式实验一共有 59 名被试参与，剔除 2 份答题时间过短的问卷后共得到 57 份有效问卷。其中，独立型自我构念占主导地位的问卷有 27 份，依赖型自我构念占主导的问卷有 30 份。男性样本 29 个（50.9%），女性样本 28 个（49.1%）。样本的平均年龄为 25～29 岁。传播领导者定位操纵成功（$M=5.45$，$SD=0.95$），没有被试猜出实验目的。

与实验 1 和实验 2 相同，用各题项的平均值作为消费者产品态度和购买意愿的测量值。如图 4－3 所示，单因素方差分析结果表明，独立型自我构念组的产品态度显著低于依赖型自我构念组，$M_{独立型}=4.83<M_{依赖型}=5.33$，$F(1,$

55) =5.74，$P<0.05$；依赖型自我构念组的购买意愿显著高于独立型自我构念组，$M_{依赖型}=5.51>M_{独立型}=4.84$，$F(1,55)=8.14$，$P<0.01$。H1 再一次得到了验证。如果说消费者自身具有占据主导且长期不易改变的自我构念水平。那么与独立型自我构念的消费者相比，具有依赖型自我构念的消费者更加偏好传播领导者定位的品牌。

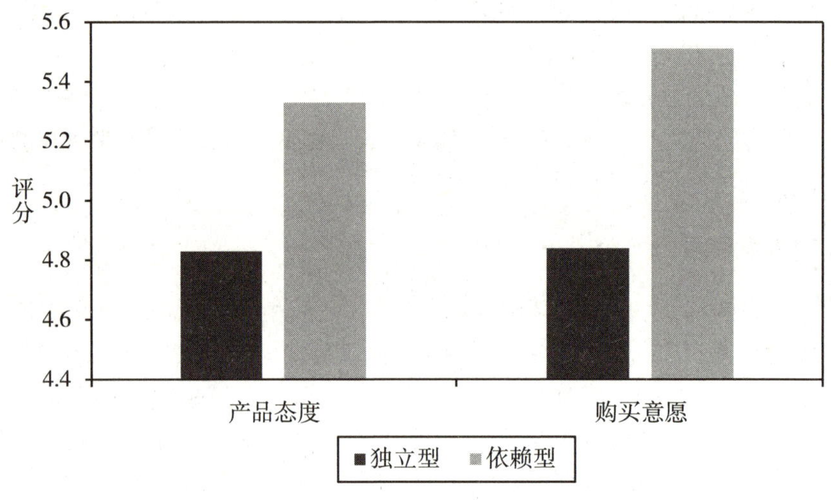

图 4-3　实验 3 结果

实验 1、实验 2 和实验 3 通过变换刺激物，变换自我构念水平启动方式和测量自我构念的方法，验证了假设 1。即证明，与具有独立型自我构念的消费者相比，具有依赖型自我构念的消费者对传播领导者定位的品牌产品态度更好，购买意愿更强。从消费者视角说明了传播领导者定位对具有依赖型自我构念的消费者更有效，这对品牌选择和传播定位点提供了启示。在规划品牌时，要注意了解目标顾客的心理特征。如果定位点已经确定为领导者，在策划促销和品牌推广等营销活动时，可以适当通过宣传语等方式激活参与顾客的依赖型自我构念。

4.5　实验 4

4.5.1　实验目的

实验 4 采用单因素 2 水平（自我构念：独立型 vs. 依赖型）被试间实验设计。实验目的在于测量被试的自我构念水平，检验自我构念对消费者独特性需求的影响，以及独特性需求在自我构念和传播领导者定位品牌偏好之间发挥的中介作用。自变量为消费者自我构念，中介变量为消费者独特性需求，因变量为消费者产品态度和购买意愿。

4.5.2 实验设计和过程

1. 刺激物选择

实验 4 继续使用运动手环作为实验刺激物。选择的标准和过程在实验 3 中已经说明，这里不做重复。

2. 实验程序

实验 4 的正式实验流程如下：首先，被试打开电子版实验问卷，填写自我构念水平的量表。使用量表与实验 3 使用的量表相同。随后被试被要求填写消费者独特性需求的测量量表。其次，完成量表以后，所有被试都会看到一张广告，广告上有一张运动手环的图片，广告语是“智能运动计步领导者，全网销量遥遥领先”。为了检验传播领导者定位的操纵效果，被试在阅读广告之后需要回答，“您认为这则广告是在宣传品牌的‘领导者’地位吗?”（“1”代表“一定不是”，“4”代表“中立”，“7”代表“一定是”）。最后，被试被要求回答对广告中出现的产品/品牌的产品态度和购买意愿。回答完所有问题之后，所有被试都需要填写包括研究目的猜测和年龄段、性别等信息。完成所有问题后通过网络平台获得一定的奖励。

3. 变量测量

（1）自我构念的测量。与实验 3 的做法类似，根据被试所填量表的相关题项的数据分析，发现独立型自我构念（Cronbach's $\alpha = 0.778$）和依赖型自我构念（Cronbach's $\alpha = 0.879$）的测量都达到了可以接受的标准。因此分别计算出独立型自我构念测量题项和依赖型自我构念测量题项的均值，作为对应变量的测量得分。之后对被试做分组处理，与实验 3 做法相同，如果独立自我构念的得分高于依赖自我构念的得分，则归入独立型自我构念组；如果依赖自我构念的得分高于独立自我构念的得分，则归入依赖型自我构念组。

（2）独特性需求测量。实验 4 在测量消费者独特性需求时重点测量的是回避相似性的水平。测量消费者独特性需求的量表主要有以下几个，消费者独特性要求（Consumer Need for Uniqueness，CNFU）（Tian，Bearden and Hunter，

2001)，一般独特性需求（General Need for Uniqueness，GNFU）（Snyder and Fromkin，1977）以及对独特消费品的渴望（the Desire for Unique Consumer Products，DUCP)(Lynn and Harris 1997)。奇马和马卡地（Cheema and Kaikati，2010）通过研究发现，CNFU（$\alpha=0.95$）是一个更加有广泛应用价值的消费者独特性需求量表。DUCP（$\alpha=0.85$）更加针对特殊产品的购买。CNFU 更加可靠（Ruvio et al.，2008）。罗维奥等（Ruvio et al.，2008）在田（2001）等人的基础上进行了修订，通过跨文化的检验，最终提出了一个包含三个维度12 个条目的量表。实验 4 借鉴了其中关于回避相似性的四个题项，用 7 分量表来测量。四个题目分别是：第一，当我已拥有的产品开始流行时，我就会减少对它的使用；第二，我会回避一般人所购买的我所了解的产品或品牌；第三，一般来说，我不喜欢人人都经常购买的产品成品牌；第四，我不喜欢已被普通消费者接受和购买的产品或品牌。经分析发现，消费者独特性的各项测量达到了可以接受的水平（Cronbach's $\alpha=0.837$)，计算四个题目得分的平均数作为消费者独特性需求的测量值。

（3）产品态度和购买意愿。产品态度和购买意愿的测量与实验 1、实验 2 和实验 3 相同，这里不做重复说明。测量产品态度的四个题项的克隆巴赫阿尔法值（Cronbach's $\alpha=0.816$）和购买意愿题项的克隆巴赫阿尔法值(Cronbach's $\alpha=0.792$）都达到了可以接受的水平。因此，仍然采用几个题目的平均分作为产品态度和购买意愿的测量值。

4.5.3 数据结果和讨论

正式实验一共有 86 名被试参与，问卷通过网络调查公司发放和回收。其中，独立型自我构念占主导地位的被试有 44 位，依赖型自我构念占主导的被试有 42 位。男性样本 39 个（45.35%），女性样本 47 个（54.65%）。样本的平均年龄在 25 ~29 岁。传播领导者定位操纵成功（$M=5.95$，$SD=0.23$)，没有被试猜出实验意图。

用各自题项的平均值分别作为产品态度和购买意愿的测量值。独立样本 T 检验分析结果表明，独立型自我构念组的产品态度显著低于依赖型自我构念组，$M_{独立型}=4.63<M_{依赖型}=5.73$，$t(84)=12.19$，$P<0.01$；依赖型自我构念组的购买意愿显著高于独立型自我构念组，$M_{依赖型}=5.73>M_{独立型}=4.84$，$t(84)=5.49$，$P<0.01$。

按照前人提出的中介效应分析程序（Zhao et al.，2010)。我们参照几位学者提出的 Bootstrap 方法进行中介效应检验（Preacher and Hayes，2004；

Hayes，2013；陈瑞等，2013）。

先来关注产品态度的检验结果。样本量选择5000，在95%置信区间下，中介检验的结果没有包含0（*LLCI* = 0.8837，*ULCI* = 1.2605），表明消费者独特性需求（回避相似性）的中介效应显著，中介效应大小为1.0612。此外，控制了中介变量之后，自变量自我构念（独立型自我构念 vs. 依赖型自我构念）对因变量产品态度的影响不显著，区间（*LLCI* = -0.0011，*ULCI* = 0.0816）包含0。因此消费者独特性需求（回避相似性）发挥了中介作用，是唯一的中介变量。

再来看因变量是购买意愿的检验结果。样本量设置为5000，在95%置信区间下，中介检验的结果没有包含0（*LLCI* = 0.3240，*ULCI* = 1.1951），表明消费者独特性需求（回避相似性）的中介效应显著，中介效应大小为0.7889。此外，控制了中介变量之后，自变量自我构念（独立型自我构念 vs. 依赖型自我构念）对因变量购买意愿的影响不显著，区间（*LLCI* = -0.3828，*ULCI* = 0.5828）包含0。因此消费者独特性需求（回避相似性）发挥了中介作用，是唯一的中介变量。

以上的数据分析结果说明，消费者的自我构念水平影响了独特性需求，独立型自我构念为主导的消费者，独特性需求（回避相似性）较强，对“领导者”品牌的产品态度和购买意愿都比较低；依赖型自我构念为主导的消费者，独特性需求，特别是回避相似性的需求较弱，对“领导者”品牌的产品态度和购买意愿相对较高（见图4-4）。

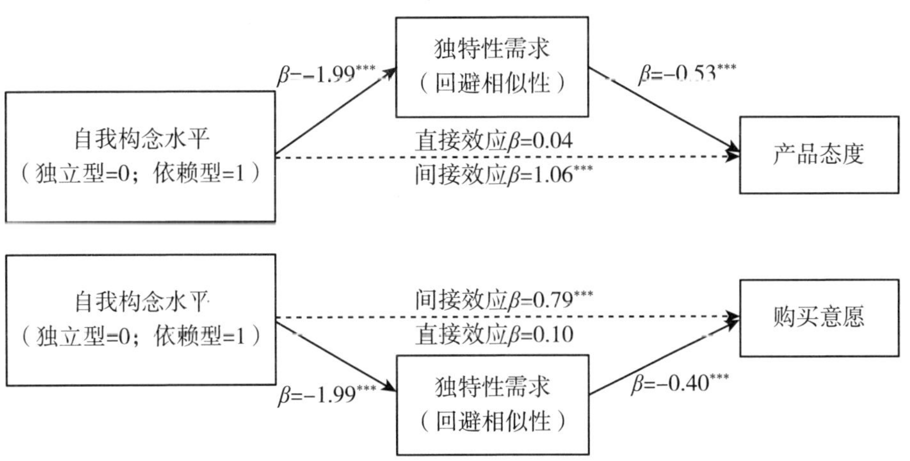

图4-4 实验4独特性需求（回避相似性）中介效应

注：*** 表示在0.01的显著性水平上显著。

4.6 本章小结

本章通过四个行为实验，不仅验证了不同自我构念水平的消费者对传播领导者定位品牌产品态度和购买意愿的差异，还探索了这种差异产生的原因（中介效应）。

在实验1中通过经典的找词方法启动了消费者的不同自我构念，验证了假设1；实验2通过变换刺激物和变换自我构念启动方式的方法，进一步确保了数据结果的稳定性；实验3采用测量分组的方式，通过对长期自我构念水平的测量又一次验证了之前提出的假设；最后在实验4中引入消费者独特性需求（回避相似性），发现了中介机制（见表4－1）。

表4－1　本章研究设计和发现汇总

实验	研究设计	研究发现
实验1	单因素2水平 （自我构念：独立型 vs. 依赖型） 启动方法：圈写代词方法（Brewer and Gardner，1996） 测量变量：产品态度、购买意愿	相比于具有独立型自我构念者的消费者，具有依赖型自我构念的消费者对传播领导者定位品牌的产品态度更好，购买意愿更强
实验2	单因素2水平 （自我构念：独立型 vs. 依赖型） 启动方法：激活相似性和相异性（Trafimow et al.，1991） 测量变量：产品态度、购买意愿	
实验3	单因素2水平 （自我构念：独立型 vs. 依赖型） 分组方法：Singelis（1994）量表修订后版本的中文译版（唐桂梅，2010），按均分差值分组 测量变量：自我构念水平、产品态度、购买意愿	
实验4	单因素2水平 （自我构念：独立型 vs. 依赖型） 分组方法：Singelis（1994）量表修订后版本的中文译版（唐桂梅，2010），按均分差值分组 测量变量：自我构念水平、独特性需求（回避相似性）、产品态度、购买意愿	独特性需求（回避相似性）发挥了中介作用

本章的研究发现能够帮助企业更好地了解目标顾客，制定符合目标顾客需求的营销定位和传播策略。企业选择的营销定位点应该是目标顾客最为关注或比较关注的特征。根据对实验数据结果的分析，领导者定位点对具有依赖型自我构念的消费者更加有效，这是因为他们的独特性需求，特别是回避相似性水平相对较低。如果企业的目标顾客是极度个性化和追求独特的群体，那么领导者定位点就不是一个很好的选择。对于确定以领导者作为定位点的品牌而言，也可以通过各种信息沟通方式，在品牌传播环节尝试启动消费者的依赖型自我构念，改善消费者对品牌的态度和购买意愿。

第 5 章

传播领导者定位对不同情境下消费者产品态度和购买意愿的影响研究

通过质性研究深度访谈和大样本问卷调查发现，消费者在面临不同情境时对传播领导者定位品牌的产品态度和购买意愿通常是不同的。与自用情境相比，在赠礼情境下，消费者似乎更加倾向于选择传播领导者定位的品牌。在现实生活中，以领导者为定位点并大力传播的品牌也具有一定的礼品属性，经常被当作礼物送给他人。因此，了解消费者在赠礼情境和自用情境下的不同偏好和产生偏好的原因就变得非常重要。

5.1 理论背景与假设推理

赠礼（gift giving）是一种发生在赠礼者和收礼者两个主体之间的礼物交换行为（Sherry，1983）。赠礼行为是一种在各个社会中都普遍存在的现象（Joy，2001）。

一是经济交换的视角，认为赠礼是赠礼者试图从收礼者处获得某种回报而采取的行动。从经济交换的视角来看，赠礼者会对赠礼行为进行理性经济的考量，赠礼者在意个人付出，并且期待收礼者对自己做出某种方式的回报（汤婷，2017）。经济交换视角下，赠礼行为是受到利己动机（self-interest）驱动的。赠礼者期望通过赠送礼物来达到某种目的，为了谋求地位、争取利益，或者想要通过赠送礼物的方式与他人建立联系（Wolfinbarger，1996）。经济交换的视角并不考虑社会因素，而是强调赠礼双方基于平等而产生某种交换（Belk and Coon，1993）。

二是社会交换的视角。社会交换视角强调赠礼的社会意义，重点关注的是礼物的象征意义和价值，以及赠送礼物的行为如何增强巩固和维持关系。礼物作为人际沟通的工具、构建社会联系的纽带，是赠礼主体间关系质量、情感亲密度的代表和反映（汤婷，2017）。早期的人类学、社会学乃至心理学研究都认为礼物是一种互利互惠的社会交换（Mauss，1925；Schwartz，1967），社会关系和群体的形成和维持就是通过礼物的赠予和收取来维系的（Ruth et al.，1999）。

还有一些学者持有不同观点，认为赠送礼物的行为是被一种想要牺牲自我和取悦他人的动机所主导的。马利诺夫斯基（Malinowski，1978）认为礼物是纯粹的。贝尔克（Belk，1993）称之为"agapic love"，源于希腊语，意为无私的爱（张喆和张知为，2013）。在这个意义上，赠礼是一种利他（altruism）的行为。赠礼者不求回报，只是希望通过礼物来表达爱意，或对对方的付出加以补偿（Wolfinbarger，1996）。

赠送礼物的模式是随着社会文化背景的不同而变化的（Hyde，1983；Parry，1986；Carrier，1990）。研究赠礼行为要充分考虑到所在国家和地区的文化习俗与社会规范（Clark and Mils，1993）。在中国的文化背景下，个人是与他人紧密联系的，个体镶嵌在社会关系网络之中，需要通过亲属血缘、互利互惠和情感联结来培育自己的社会关系，并且需要通过持续不断的联系来巩固社会关系（Joy，2001）。许多研究都提出，中国社会非常重视人际关系，特别强调通过赠礼的方式来完成社会交换。在中国情境下，赠礼通常是出于互利互惠的需求，通过交换产品和服务来联系感情（Yan，1996；Yau，Chan and Lau，1999；Qian et al.，2007）。赠送礼物是一种社会规范（norm），赠礼者出于社会习俗等规范的约束，为了更好地扮演自己的社会角色而赠礼。在传统节日里向亲朋好友赠送礼物就是这种社会规范的体现，礼物承载着关系联结的作用。礼物可以加强（strengthening）赠礼者与收礼者之间的关系，也有可能会严重破坏（severing）两者之间的关系（Ruth et al.，1999）。

有的模型把赠送礼物的行为分成三个阶段：一是礼物选择和购买；二是礼物的交付与呈现；三是礼物的处置和关系的再形成（Sherry，1983）。许多研究都对礼物的选择和购买阶段进行了研究（Otnes et al.，1993）。发现赠礼行为作为一种消费行为，受到许多因素的影响（叶生洪和吴国彬，2016）。赠礼者因素、收礼者因素，以及赠礼者对双方关系的认识、赠礼情境类型等都会影响赠礼行为。

首先，赠礼者因素是影响赠礼行为的一个重要因素。不同年龄、性别和收入的赠礼者选择的礼物品牌具有不同的特征（Parsons，2002）。学者对其中不同性别的赠礼者在赠礼行为上的不同表现进行了深入研究。研究发现，男性赠礼者和女性赠礼者在礼品选择（Caplow，1982）、礼物包装以及时间花费上（Belk and Coon，1993）都存在较大差异。女性表现出了更高的参与度（Laroche et al.，2010），热衷于赠礼者的角色并把赠礼视作一种维护关系的手段（Mcgrath，1995）。收礼者的性别会影响赠礼者的赠礼行为。赠礼者倾向于认为为同性伙伴挑选礼物相对容易（Vanhamme and Bont，2008）。其次，赠礼者的购买决策还受到赠礼者对双方关系的认知的影响，关系属性决定了购买礼物的价值和属性。双方感情越密切，赠礼者在赠礼中付出的时间、金钱和努力程度都会越高（Caplow，1982）。当礼物是赠送给亲朋好友等共有关系类型的对象时，赠礼者倾向于选择和自身形象一致的品牌，而当面对领导、客户等交换关系类型的对象时，赠礼者倾向于选择与收礼者形象一致的品牌（叶生洪和吴国彬，2016）。除了双方关系以外，赠礼情境类型也会影响赠礼者花费精力的投入。人生经历仪式（rites of passage）和人生进行仪式（rites of progression）是两种重要的赠礼情境类型。对于婚礼这种发生频率低但规模大的事件属于人生经历仪式，赠礼者会花费更多精力；而对于生日这种发生频率高但规模小的人生进行仪式，出于送礼者一致性（giver-congruence），赠礼者并没有充分的动机去付出同等的精力（Wolfinbarger，1996）。

总的来说，赠礼是社会关系当中的一种具有象征意义的沟通（Belk，1979；Caplow，1982；Cheal，1988），是赠礼者向收礼者表达自我意图、情感、态度的重要沟通方式（Schieffelin，1980）。赠礼的动机可能是复杂多样的，同一个赠礼行为可能包含了不同的动机。赠礼的动机可能是出于社会规范的要求，具有一定的职责性（obligation）；也可能是出于自发性（voluntary），是由利他动机驱动的（Rugimbana，2003）。其中职责性体现为互惠和仪式两种形式：互惠是指礼尚往来，交换礼物或回报他人的礼物；仪式指的是出于仪式感的需求赠送礼物，如在传统节日赠送礼物给亲人朋友。但无论出于哪种动机，在中国情境下，亲友之间的赠礼都可以被认为是赠礼者向收礼者表达情感的一种方式。一些学者对中国情境下的赠礼行为研究表明，受到中国文化的影响，消费者在为亲友选择新年礼物时倾向于选择知名的国产品牌，并且非常在意品牌的名称（Qian et al.，2007）。

在赠礼情景下，赠礼者希望通过自己选择的产品来表达对收礼者的情感，因此，可以推断赠礼者如果选择把产品作为礼物送给他人，是因为相信把礼物送给他人比日常自己消费这个产品更有意义。赠礼者倾向于认为收礼者收到产品（礼物）时的幸福感要比自己消费这个产品的幸福感更强烈。可以用一个简单的不等式来描述这一现象。通过探索性研究深度访谈发现，赠礼者普遍认为传播领导者定位的产品可以帮助传递情感。那么以传播领导者定位的产品作为礼物，收礼者所获得的效用 $U_{收礼}$ 应该由两部分组成：礼物产品本身带来的效用 $U_{产品}$ 和礼物传达的情感 $U_{情感}$，即 $U_{收礼}=U_{产品}+U_{情感}$。而自己使用给自己带来的效用就只能是产品本身的效用，即 $U_{产品}$。因此可以作出以下假设。

H3：相比于自用情境，品牌在赠礼情境下传播领导者定位更有效。

具体表现为：

H3a：相比于自用情境，消费者在赠礼情境下对传播领导者定位的品牌产品态度更好；

H3b：相比于自用情境，消费者在赠礼情境下对传播领导者定位的品牌购买意愿更强。

而产生这种现象的原因是：

H4：在赠礼者的预期中，与自用情境相比，收礼者收到传播领导者定位的品牌时幸福感更强。

相比于自用情境，赠礼情境下的产品购买和消费具有一定的特殊性。特殊性之一就在于使用者和购买者的分离。在赠礼情境中，产品（礼物）的购买决策者是赠礼者，而产品（礼物）的实际消费者或者说使用者是收礼者，而收礼者并不能主动挑选和购买礼物。

赠礼情境中产品购买者和使用者分离的特性，以及赠礼活动所肩负的重要使命（维护关系、表达情感），给赠礼者选择和购买礼物造成了一定的困难。礼物的使用者（收礼者）与购买决策者（赠礼者）并不是同一主体，购买决策者（赠礼者）需要代替礼物的使用者（收礼者）进行选择，赠礼者对收礼者偏好有一定的不确定性，这些特征都加剧了赠礼者选择礼物的困难。有研究表明，赠礼者为选择合适的礼物通常会产生赠礼焦虑（Wooten，2015），这种焦虑来自赠礼者非常希望收礼者喜欢他们的礼物又害怕做不到。为了缓解焦虑感，赠礼者在选择礼物（产品）时，急需一个能够说服自己的购买理由。

在传统的定义里，领导者品牌被认为是市场占有率第一的品牌。市场占有率第一意味着销量大，也意味着该品牌被很多人选择和信任。在不了解产品本身，又无法向收礼者解释的情况下，用自称是某品类领导者的产品作为礼物，似乎更安全更保险。尤其是在长期以来以集体主义文化为主流的中国社会，“领导者”具有一定的光环效应，代表着最好、最权威和值得信赖。而把最好的东西作为礼物送给他人，刚好可以表达自己的心意。因此，研究推测领导者定位点为赠礼者构造了一个强有力的选择和购买的理由。结合以上的推理，提出以下假设。

H5：在面临人际赠礼的购买决策时，与没有传播领导者定位的品牌相比，赠礼者更倾向于选择传播领导者定位的品牌。

把赠礼者的选择聚焦到消费者行为的变量上，更具体地说就是：

H5a：在面临人际赠礼的购买决策时，与没有传播领导者定位的品牌相比，赠礼者对传播领导者定位品牌的产品态度更好；

H5b：在面临人际赠礼的购买决策时，与没有传播领导者定位的品牌相比，赠礼者对传播领导者定位品牌的购买意愿更强。

礼物是赠礼者为了表达对收礼者的美好情感而精心挑选的，送礼的目的是希望收礼者能从对礼物的消费中获得幸福感。由此推测，赠礼者很可能是因为认定“领导者”的定位点暗示了产品质量好、品质高的特征，才决定选择传播领导者定位的产品。因为他们倾向于相信，与收到未传播领导者定位的品牌相比，收礼者在收到传播领导者定位的品牌时会对礼物更加满意，拆开礼物的幸福感也更加强烈。据此，可以提出以下假设。

H6：在赠礼者的预期中，与没有传播领导者定位的品牌相比，收礼者在收到传播领导者定位的品牌时，满意度更高、幸福感更强。

简单总结一下理论背景和假设推理部分提炼出的假设，与实验部分要回答的问题。表 5 - 1 呈现的是在赠礼情境部分通过理论背景和实践推理得到的假设。

表 5 - 1　研究假设汇总

序号	假设内容
H3	相比于自用情境，品牌在赠礼情境下传播领导者定位更有效
H3a	相比于自用情境，消费者在赠礼情境下对传播领导者定位的品牌产品态度更好
H3b	相比于自用情境，消费者在赠礼情境下对传播领导者定位的品牌购买意愿更强
H4	在赠礼者的预期中，与自用情境相比，收礼者收到传播领导者定位的品牌时的幸福感更强
H5	在面临人际赠礼的购买决策时，与没有传播领导者定位的品牌相比，赠礼者更倾向于选择传播领导者定位的品牌
H5a	在面临人际赠礼的购买决策时，与没有传播领导者定位的品牌相比，赠礼者对传播领导者定位品牌的产品态度更好
H5b	在面临人际赠礼的购买决策时，与没有传播领导者定位的品牌相比，赠礼者对传播领导者定位品牌的购买意愿更强
H6	在赠礼者的预期中，与没有传播领导者定位的品牌相比，收礼者在收到传播领导者定位的品牌时，满意度更高、幸福感更强

把这几组假设的研究对象、测量变量、实验编号进行归类，可以得到表5－2。

表5－2 研究假设归类

假设序号	研究对象	测量变量	实验编号
H3	赠礼者	产品态度、购买意愿	5
H4	赠礼者	幸福感	5
H5	赠礼者	产品态度、购买意愿	6
H6	赠礼者	满意度、幸福感	7

5.2 实验5

5.2.1 实验目的

实验5的目的是为了验证假设3、假设4是否成立。即检验与自用情境相比，赠礼情境中的消费者是否对传播领导者定位的品牌产品态度更好，购买意愿更强。以及与自用情境相比，赠礼者预期收礼者收到传播领导者定位的品牌时的幸福感是否更强。

实验5采用单因素2水平（赠礼情境 vs. 自用情境）被试间实验设计。操纵消费者角色（赠礼者 vs. 一般购买者）来探索因情境不同而产生的产品态度和购买意愿的差异，以及产生差异的原因。自变量是消费情境（赠礼情境 vs. 自用情境）。因变量是消费者的产品态度和购买意愿，以及预期由礼物/产品带来的幸福感。

5.2.2 实验设计和过程

1. 刺激物选择

实验5选择用按摩器作为实验刺激物。

由于研究主题与品牌相关，所以在以下实验中选用的礼品都是商业化产品。自己手工制作，或者通过其他途径得来的礼物不在研究讨论范围之内。

因为讨论涉及传播领导者定位的品牌，所以需要充分考虑品牌类别。通过之前的大样本问卷调查发现，消费者在家用电器、厨电、家居、电子产品等几个品类中更青睐传播领导者定位的品牌。所以以下实验的刺激物都是在这几个品类中选择的。

在实验5中设计了对赠礼和自用情境的操纵，所以对刺激物的选择需要格外注意。刺激物的礼品属性不应该太明显，即该产品除了用作礼品消费之外，还应该可以作为日常消费。为了保证刺激物符合要求，在实验开始前进行了前测。

113位被试参加了预实验，为了更好地评价刺激物的礼品属性，把被试分成两组，分别是赠礼组（56人）、自用组（57人）。向两组被试呈现实验中要用到的刺激物广告。赠礼组的问题是："请评价以下产品被当作礼物送给他人的可能性，并选择与之对应的选项"（"1"代表"非常不可能"，"4"代表"中立"，"7"代表"非常可能"）。自用组的题目是："请评价以下产品被购买并留给自己使用的可能性，并选择与之对应的选项"（"1"代表"非常不可能"，"4"代表"中立"，"7"代表"非常可能"）。通过独立样本T检验比较两组回答的差异，结果显示：$M_{赠礼组}=5.52$，$SD=1.36$；$M_{自用组}=5.32$，$SD=1.31$，$t(111)=0.804$，$P>0.10$，说明实验5选用的刺激物按摩器作为礼物送给他人和留作自己使用的可能性并没有显著的差异。因此按摩器可以作为实验刺激物。

2. 实验程序

实验5通过发放电子问卷邀请被试参加实验。被试打开电子版实验问卷，阅读简单的实验介绍之后会读到如下文字描述："想象你在逛街浏览商品的时候，无意中看到了这样一则广告。"接下来被试会看到一张按摩器的广告。广告上有一张按摩器的图片，广告语是"多部位舒适按摩，肩背揉捏按摩器，市场领导者，全网销量领先"。为了检验传播领导者定位的操纵效果，被试在阅读广告之后需要回答："您认为这则广告是在宣传品牌的'领导者'地位吗?"（"1"代表"一定不是"，"4"代表"中立"，"7"代表"一定是"）。

之后，各位被试会被随机分配进入两个不同的情境，赠礼情境组读到的文字描述是"新年即将来临，你正在计划给你的亲朋好友准备一份礼物，以此表达自己的美好祝福。你认为可以把广告中的按摩器当做礼物，送给亲朋好友"。自用情境组读到的是"新年即将来临，你在买年货的时候，无意中浏览到了上面的这则广告。"最后被试需要回答对广告中出现的产品/品牌的态度和购买意愿，以及预期礼物/产品能够带来的幸福感。回答完所有问题之后，被试会被要求完成研究目的猜测并填写年龄、性别等人口统计信息。提交答卷之后被试将获得少许报酬。

3. 变量测量

（1）产品态度。关于产品态度，测量选择量表和本书实验1完全相同，在这里不做重复描述。仍然采用四个题目的平均分作为产品态度的测量值（Cronbach's $\alpha=0.814$）。

（2）购买意愿。关于购买意愿，仍然通过变换语义的方式，用三个题目测量。需要说明的是，由于两组被试面临的情境不同，每个题目在具体问法上有所不同。赠礼情境组看到的三个问题是：第一，在预算许可的条件下，我会购买广告中的产品作为礼物送给亲友："1"代表"根本不会"，"4"代表"中立"，"7"代表"一定会"；第二，在预算许可的条件下，我愿意购买广告中的产品作为礼物送给亲友："1"代表"非常不愿意"，"4"代表"中立"，"7"代表"非常愿意"；第三，在预算许可的条件下，我购买广告中的产品送给亲友的可能性更接近于："1"代表"完全不可能"，"4"代表"中立"，"7"代表"非常可能"。自用情境组看到的三个问题是：第一，在预算许可的条件下，我会购买广告中的产品："1"代表"根本不会"，"4"代表"中立"，"7"代表"一定会"；第二，在预算许可的条件下，我愿意购买广告中的产品："1"代表"非常不愿意"，"4"代表"中立"，"7"代表"非常愿意"；第三，在预算许可的条件下，我购买广告中的产品的可能性更接近于："1"代表"完全不可能"，"4"代表"中立"，"7"代表"非常可能"。采用以上三个题目的平均分作为购买意愿的测量值（Cronbach's $\alpha=0.872$）。

（3）幸福感。对于幸福感，由于赠礼者和自用者的身份不同，所以在测量的问法上也有所不同，赠礼情境组看到的问题是："你认为拆开这个礼物的过程会在多大程度上能给你的亲友带来幸福感"（"1"代表"完全不能"，"4"代表"中立"，"7"代表"完全能"）；自用情境组看到的问题是："你认为拆开这个产品包装的过程会在多大程度上能给人带来幸福感"（"1"代表"完全不能"，"4"代表"中立"，"7"代表"完全能"）。

5.2.3 数据结果和讨论

实验问卷通过一个网络调查平台收集获得。该平台在发放问卷时会对被试进行随机分组处理，避免被试重复填写问卷。平台还会根据被试答题时间等特征对问卷质量进行初步筛查。实验5最终回收问卷66份，剔除答卷质量不符合要求的问卷2份，最终获得有效问卷64份。其中，赠礼情境组34人，自用情境组30人。男性样本32个，占总体的50%；样本的平均年龄在25~29岁。传播领导者定位操纵成功（$M=5.11$，$SD=0.23$），没有被试猜出实验意图。

首先关注赠礼情境组的结果。以产品态度为因变量，希望了解在赠送礼物的情境下（赠礼情境组），消费者对传播领导者定位品牌的产品态度与自己消费（自用情境组）是否有所不同，因此对这两组进行单因素方差分析。

结果显示，赠礼情境组和自用情境组产品态度评分的均值差异显著，赠礼组的产品态度评分显著高于自用组的产品态度评分，$M_{赠礼情境}=5.39>M_{自用情境}=4.91$，$F(1,62)=3.93$，$P<0.05$。H3a得到验证。

以购买意愿为因变量，赠礼组和自用组购买意愿评分的均值差异显著，赠礼组的购买意愿评分显著高于自用组的购买意愿评分，$M_{赠礼情境}=5.59>M_{自用情境}=4.82$，$F(1,62)=7.09$，$P<0.01$。H3b得到验证，假设3成立。这说明与自用情境相比，在赠礼情景下消费者更倾向于选择传播领导者定位的品牌。表现就是面对同一件传播领导者定位的产品，在赠礼情景下消费者的产品态度更高，购买意愿更强（见图5-1）。

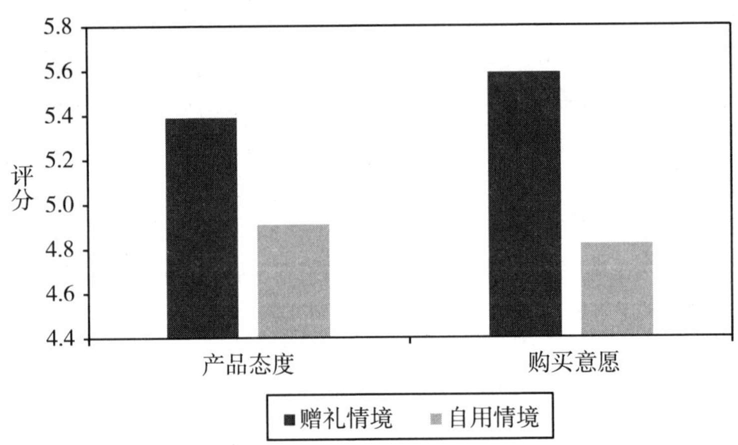

图5-1　赠礼情景和自用情境下消费者对传播领导者定位品牌产品态度和购买意愿的对比

以幸福感为因变量，希望了解赠礼者预期中收礼者对收到传播领导者定位的产品时的幸福感是否比自用组消费该产品的幸福感更强（见图5-2）。因此对赠礼情境组和自用情境组的预期幸福感进行单因素方差ANOVA检验。

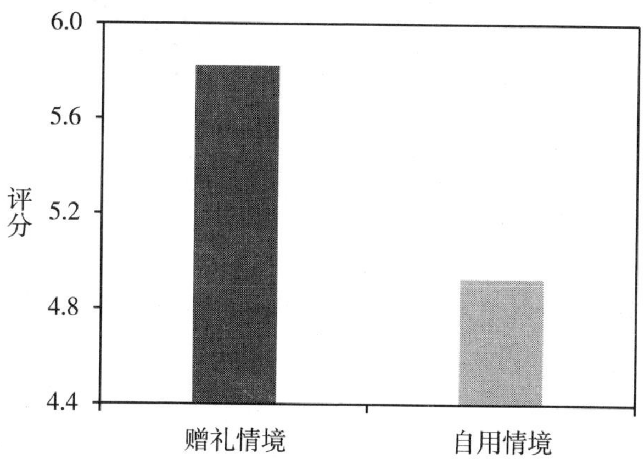

图5-2 赠礼情景和自用情境下对传播领导者定位品牌带来幸福感的预期对比

结果显示，赠礼情境组和自用情境组对幸福感预期的均值差异显著，赠礼组的预期幸福感评分显著高于自用组的幸福感评分：$M_{赠礼情境}=5.82>M_{自用情境}=4.93$，$F(1,62)=6.70$，$P<0.01$。H4得到验证。这也证实了之前推测的赠礼者更偏爱传播领导者定位品牌的原因。之所以在赠礼情境下对传播领导者定位的品牌产品态度更好、购买意愿更强，是因为赠礼者认为收礼者收到传播领导者定位的品牌幸福感更强。

实验5的研究结果可以很好地解释现实生活中的现象，对营销实践也有一定的启示作用。在现实生活中，消费者并不一定是在购买之前就决定了产品要留作自己使用还是赠送给他人。有可能是在购买之后，觉得它更适合他人，才决定把它转送出去。实验5的研究结果恰恰解释了在这种情况下赠礼者把传播领导者定位的产品作为礼物赠送给他人的原因。赠礼者认为对于传播领导者定位的品牌，相比于自己使用，把产品赠送给他人，收礼者的幸福感会更强，所以赠礼者对传播领导者定位品牌的产品评价更高，支付意愿也更高。

绝大部分产品并不具备特别强的礼品属性，既可以自己消费，又可以送给他人。消费者对产品的处置方式有时是在购买以后才最终确定的。例如，在冲动购买之后后悔，或者发现购买的产品不太适合自己时，消费者会重新思考这个商品的用途。如果定位于领导者的品牌想要临时提高销量，不妨在销售渠道或广告沟通中提示消费者，除了自己消费以外，该产品也可以作为礼物送给他人，给消费者提供一个新的选择和购买的理由。

5.3 实验6

5.3.1 实验目的

实验 6 的目的主要是探索与没有传播领导者定位的品牌相比，消费者在赠礼情境下是否更倾向于选择传播领导者定位的品牌，即检验假设 5 是否成立。

实验 6 通过操纵赠礼情境中的角色（赠礼者 vs. 收礼者）来分别探索赠礼情境下因角色不同而产生的产品态度和购买意愿的不同。我们采用 2（赠礼情境角色：赠礼者 vs. 收礼者）×2（礼品类型：传播领导者定位 vs. 未传播领导者定位）的组间实验设计。自变量是分类变量，即赠礼身份（赠礼者 vs. 收礼者）和礼品类型（传播领导者定位 vs. 未传播领导者定位）；因变量是消费者的产品态度和购买意愿。

5.3.2 实验设计和过程

1. 刺激物选择

实验 6 选择用按摩器作为刺激物。在实验 5 的预实验当中，已经对按摩器的礼品属性进行了检验，数据表明按摩器具备相当的礼品属性（$M_{赠礼组}=5.52$，$SD=1.36$），可以被当作礼物。在设计实验刺激物时没有采用真实的品牌，在产品信息中也并不强调品牌的名称。希望能够尽量简化广告内容，以免被试对所使用的品牌有先入为主的固有偏见，也避免因个人经历、态度和偏好而对研究内容造成干扰。

2. 实验程序

实验通过电子问卷的形式向被试发送问卷。被试打开电子版实验问卷，在简单的说明和导引之后被随机分配到两个组中，这两个组分别是赠礼组和收礼组。赠礼者组读到的内容是“新年即将来临，你计划给你的亲朋好友准备一份礼物，以此表达自己的美好祝福。在挑选礼物的时候，你看到了以下这则广告”。收礼者组读到的内容是“新年即将来临，你收到了来自亲朋好友的一份礼物，也收到了礼物所传达的美好祝福。你拆开包装，看到了盒子里附带的产品广告页（见下图）”。接下来，两组被试被再次随机分配到两个组中，看到不同的广告，其中一组看到的是传播领导者定位的品牌广告，广告上有一张按摩器的图片，广告语是“多部位舒适按摩，肩背揉捏按摩器，市场领导者，全网销量领先”；未传播领导者定位的控制组看到的也是按摩器的广告，按摩器图片与上一组相同，广告语内容是“多部位舒适按摩，肩背揉捏按摩器，想按哪儿就按哪儿，畅享舒适按摩”。两组图片除了广告语稍有差别之外完全一致。为了检验传播领导者定位的操纵效果，被试在阅读广告之后需要回答：“您认为这则广告是在宣传品牌的‘领导者’地位吗?”（“1”代表“一定不是”，“4”代表“中立”，“7”代表“一定是”）。最后被试被要求回答对广告中出现的产品/品牌的产品态度和购买意愿。回答完所有问题之后，所有被试都将填写包括研究目的猜测及年龄和性别等人口统计信息，并在提交答卷之后获得少许报酬。

3. 变量测量

（1）产品态度。实验6中产品态度的测量与本书之前实验中的测量方法一致，采用四个题目的平均分作为产品态度的测量值（Cronbach's $\alpha = 0.825$）。

（2）购买意愿。购买意愿的测量与之前实验的做法相同，也是分三个题目测量。由于在实验设置分组中赠礼者和收礼者的身份不同，收礼者并不直接购买产品，所以在测量的具体问法上有所不同。赠礼者组看到的三个问题是：第一，在预算许可的条件下，我会购买广告中的产品作为礼物送给亲友：“1”代表“根本不会”，“4”代表“中立”，“7”代表“一定会”；第二，在预算许可的条件下，我愿意购买广告中的产品作为礼物送给亲友：“1”代表“非常不愿意”，“4”代表“中立”，“7”代表“非常愿意”；第三，在预算许可的条件下，我购买广告中的产品送给亲友的可能性更接近于：“1”代表“完全不可能”，“4”代表“中立”，“7”代表“非常可能”。

收礼者组看到的三个问题是：第一，在预算许可的条件下，我自己也会购买广告中的产品：“1”代表“根本不会”，“4”代表“中立”，“7”代表“一定会”；第二，在预算许可的条件下，我也愿意购买广告中的产品送给自己：“1”代表“非常不愿意”，“4”代表“中立”，“7”代表“非常愿意”；第三，在预算许可的条件下，我自己购买广告中的产品的可能性更接近于：“1”代表“完全不可能”，“4”代表“中立”，“7”代表“非常可能”。

采用以上三个题目的平均分作为购买意愿的测量值（Cronbach's $\alpha = 0.907$）。

5.3.3 数据结果和讨论

实验 6 最终回收样本问卷 121 份，剔除答卷质量不符合要求的问卷 3 份，最终获得有效问卷 118 份。其中，有 55 位被试被随机分配到赠礼组，63 位被试被分配到收礼组。领导者组有 61 人，控制组有 57 人。男性样本 46 个，占总体的 39%；女性样本 72 个，占总体的 61%。样本的平均年龄约为 25 ~ 29 岁。传播领导者定位操纵成功，领导者组的被试对传播领导者定位可能性的感知（$M_{领导者组}=5.33$，$SD=0.97$）要大于控制组（$M_{控制组}=2.33$，$SD=0.96$），$t(116)=16.90$，$P<0.01$。没有被试猜出实验意图。

先来看传播领导者定位总的效应。以产品态度和购买意愿为因变量，对领导者组和控制组进行 ANOVA 检验。如图 5－3 所示，领导者组和控制组产品态度评分的均值差异显著，领导者组的产品态度评分显著高于控制组的产品态度评分，$M_{领导者组}=5.02>M_{控制组}=4.39$，$F(1,116)=14.61$，$P<0.01$。领导者组和控制组购买意愿评分的均值差异也显著，领导者组的购买意愿评分显著高于控制组的购买意愿评分，$M_{领导者组}=5.11>M_{控制组}=4.24$，$F(1,116)=12.89$，$P<0.01$。

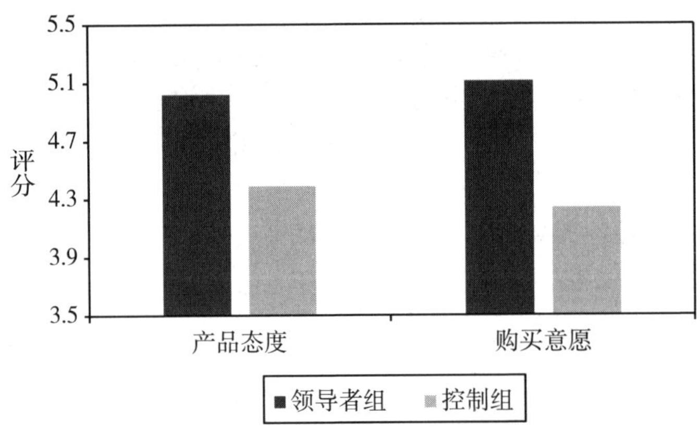

图 5－3 赠礼情境下消费者对品牌是否传播领导者定位产品态度和购买意愿的对比

传播领导者定位有显著的主效应。这说明了在礼品市场，选择以领导者为定位点有一定的合理性。因为通过数据结果来看品牌传播领导者定位的确更受消费者喜爱。

再来具体关注赠礼情景下的不同角色。首先，以产品态度为因变量，检验赠礼者对传播领导者定位的品牌和未传播领导者定位的品牌产品态度是否有所不同，对这两组进行 ANOVA 检验。

结果如图 5－4 所示，传播领导者定位的产品组，简称领导者组和非领导者组（控制组）产品态度评分的均值差异显著，领导者组的产品态度评分显著高于控制组的产品态度评分，$M_{领导者组}=5.35>M_{控制组}=4.05$，$F(1,53)=42.88$，$P<0.01$。领导者定位点有显著的主效应。H5a 得到验证。

领导者组和控制组购买意愿评分的均值差异也显著，领导者组的购买意愿评分显著高于控制组的购买意愿评分，$M_{领导者组}=5.35>M_{控制组}=3.99$，$F(1,53)=16.68$，$P<0.01$。领导者定位点有显著的主效应。H5b 得到验证，假设 5 成立。

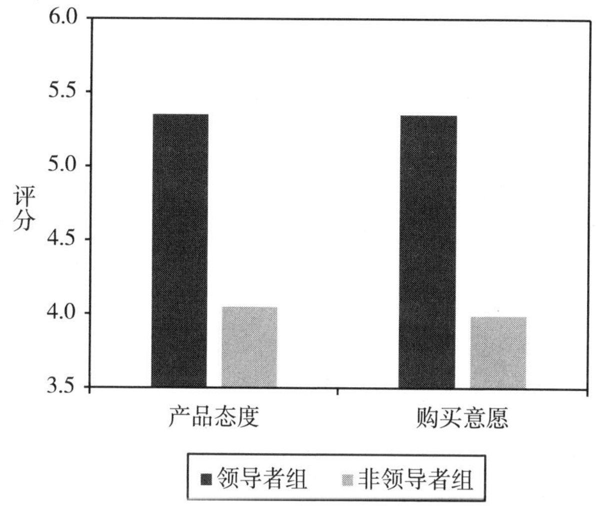

图 5－4 赠礼者对品牌是否传播领导者定位产品态度和购买意愿的对比

再来关注收礼者组，以产品态度为因变量，检验收礼者对传播领导者定位的品牌和未传播领导者定位品牌的产品态度是否有所不同，对这两组进行单因素方差 ANOVA 检验。

结果显示，领导者组和控制组产品态度评分的均值差异不显著，领导者组的产品态度评分并不显著高于控制组的产品态度评分，$M_{领导者组}=4.70>M_{控制组}=4.65$，$F(1,61)=0.04$，$P>0.10$。领导者定位点没有显著的主效应。

领导者组和控制组购买意愿评分的均值差异也不显著，领导者组的购买意愿评分没有显著高于控制组的购买意愿评分，$M_{领导者组}=4.89>M_{控制组}=4.43$，$F(1,61)=1.68$，$P>0.10$。领导者定位点对于收礼者没有显著的主效应。

假设5成立，说明领导者定位点是赠礼者选择和购买礼物的理由。因为通过数据结果检验表明，与不传播领导者定位的同一品牌相比，赠礼者对传播领导者定位的品牌产品态度更好，购买意愿更强。

但是通过数据分析可以发现，收礼者并没有更青睐领导者定位点。赠礼者希望通过赠送传播领导者定位的品牌来向收礼者表达情感，但这种效果不一定能够达到。礼物品牌是否传播领导者定位并不会显著影响收礼者的喜好。

实验6的研究结果对产品的品牌规划和传播策略都有非常重要的启示。对于礼品属性比较强的产品类型，可以考虑传播领导者定位。因为实际购买者是赠礼者，领导者定位点对赠礼者来说是选择和购买的理由。从另一个角度来看，如果一个产品已经确定以领导者作为定位点，那么为了提高销量可以适当挖掘产品本身的礼品属性，在营销组合要素的各个方面服务于礼品的属性，让消费者感受到其礼品的属性真实存在。这样可以给目标顾客一个新的选择和购买的理由，让消费者除了平时自用的消费以外，也愿意购买这个品牌作为礼物送给他人。

5.4 实验7

5.4.1 实验目的

实验6中已经明确了领导者定位点确实是赠礼者选择和购买的理由，希望通过实验7进一步探索和证明赠礼者倾向于选择传播领导者定位产品的原因。因此，实验7的目的是：探索赠礼情景下，消费者作为赠礼者选择传播领导者定位的产品作为礼物的原因，即验证假设6。

实验7仍然操纵赠礼情境中的角色（赠礼者 vs. 收礼者），并采用2（赠礼情境角色：赠礼者 vs. 收礼者）×2（礼品类型：传播领导者定位 vs. 未传播领导者定位）的组间实验设计。与实验6不同的是，在实验7中测量的因变量是消费者的满意度和幸福感。

5.4.2 实验设计和过程

1. 刺激物选择

实验7仍然沿用实验5和实验6中的按摩器作为实验刺激物。选择原因、操作方法和标准在这里不做重复说明。

2. 实验程序

实验7的前半部分实验设计和程序与实验6相似，通过电子问卷的形式向被试发送问卷。被试阅读实验的说明和导引，之后被随机分配到两个组中。在实验7中，两组被试都被赋予赠礼情境，只是在赠礼情境中的具体角色不同。具体的描述与实验6中相同，赠礼者组读到的内容是“新年即将来临，你计划给你的亲朋好友准备一份礼物，以此表达自己的美好祝福。在挑选礼物的时候，你看到了以下这则广告（见下图）”。收礼者组读到的内容是“新年即将来临，你收到了来自亲朋好友的一份礼物，也收到了礼物所传达的美好祝福。你拆开包装，看到了盒子里附带的产品广告页（见下图）”。

接下来赠礼组和收礼组会被随机分配一张广告。传播领导者定位组（以下简称“领导者组”）看到的按摩器广告语是“多部位舒适按摩，肩背揉捏按摩器，市场领导者，全网销量领先”；未传播领导者定位的控制组看到的按摩器广告语是“多部位舒适按摩，肩背揉捏按摩器，想按哪儿就按哪儿，畅享舒适按摩”。具体的广告语设置与实验6相同。

同样，为了检验传播领导者定位的操纵效果，被试在阅读广告之后需要回答：“您认为这则广告是在宣传品牌的‘领导者’地位吗?”（“1”代表“一定不是”，“4”代表“中立”，“7”代表“一定是”）。最后被试需要汇报对广告中出现的产品/品牌的满意度和预期获得的幸福感打分。被试汇报性别、年龄段等人口统计信息之后会被要求猜测实验目的，提交答卷后可以通过问卷收集平台获得少许报酬。

3. 变量测量

礼物的满意度和幸福感选用自我汇报式的单一问题来测量。对于满意度，测量方法是：我对这个礼物（“1”代表“非常不满意”，“4”代表“中立”，“7”代表“非常满意”）。对于幸福感，由于赠礼者和收礼者的身份不同，问卷在测量的问法上有所不同，赠礼者组看到的问题是：你认为拆开这个礼物的过程会在多大程度上给你的亲友带来幸福感（“1”代表“完全不能”，“4”代表“中立”，“7”代表“完全能”）；收礼者组看到的问题是：拆开这个礼物的过程会在多大程度上给你带来幸福感：（“1”代表“完全不能”，“4”代表“中立”，“7”代表“完全能”）。

5.4.3 数据结果和讨论

实验7最终回收样本问卷123份，剔除答卷质量不符合要求的问卷5份，最终获得有效问卷118份。其中，有55位被试被随机分配到赠礼组，63位被试被分配到收礼组；领导者组有61人，控制组有57人。男性样本55个，占总体的46.6%；女性样本63个，占总体的53.4%。样本的平均年龄约为25~29岁。传播领导者定位操纵成功，领导者组的被试对传播领导者定位可能性的感知（$M_{领导者组}=5.30$，$SD=0.99$）要大于控制组（$M_{控制组}=2.41$，$SD=0.94$），$t(116)=16.20$，$P<0.01$。没有被试猜出实验意图。

首先关注赠礼组，以满意度为因变量，检验赠礼者对传播领导者定位的产品和未传播领导者定位的产品作为礼物的满意度是否有所不同，因此对这两组进行ANOVA检验。

结果如图5-5所示，领导者组和控制组满意度评分的均值差异显著，领导者组的满意度评分显著高于控制组的满意度评分，$M_{领导者组}=5.21>M_{控制组}=3.81$，$F(1,53)=16.83$，$P<0.01$。领导者定位点有显著的主效应。

领导者组和控制组幸福感评分的均值差异也显著，领导者组的幸福感评分显著高于控制组的幸福感评分，$M_{领导者组}=5.46>M_{控制组}=4.63$，$F(1,53)=5.33$，$P<0.01$。领导者定位点有显著的主效应。假设6成立。

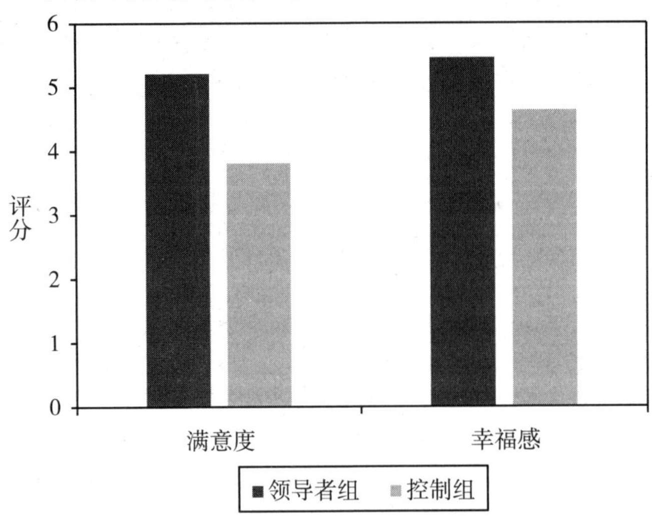

图5-5 赠礼者对收礼者收到品牌是否传播领导者定位满意度和幸福感的预期对比

再来关注收礼组，以满意度为因变量，检验收礼者对传播领导者定位的品牌和未传播领导者定位品牌的满意度是否有所不同，因此对这两组进行 ANOVA 检验。

结果显示，领导者组和控制组满意度评分的均值差异并不显著，领导者组的满意度评分略高于控制组的满意度评分，$M_{领导者组}=4.93>M_{控制组}=4.91$，$F(1,61)=0.004$，$P>0.10$。领导者定位点没有显著的主效应。

领导者组和控制组幸福感评分的均值差异也不显著，领导者组的幸福感评分没有显著高于控制组的幸福感评分，$M_{领导者组}=5.10>M_{控制组}=4.94$，$F(1,61)=0.20$，$P>0.10$。领导者定位点没有显著的主效应。

实验6已经通过数据结果检验表明，在赠礼情景下，领导者定位点的确是赠礼者选择和购买的理由。实验7的结果则证明，赠礼者把领导者定位点作为购买理由，是因为他们相信如果收礼者收到的品牌传播了领导者定位，收礼者会更加满意和幸福。

但是通过对收礼者满意度和幸福感的分析可以发现，赠礼者选择传播领导者定位的品牌作为礼物的理由并不成立。因为收礼者收到的礼物是否传播领导者定位，对收礼者感知到的满意度和幸福感没有显著影响。

通过实验7的结果可以发现，认为赠送传播领导者定位的产品可以更好地表达情感，让收礼者更开心可能是赠礼者的一厢情愿。通过对收礼者的研究，发现传播领导者定位的产品其实并不能增加他们的幸福感。对于赠礼者而言，选择传播领导者定位的产品并不是一个更好的选择，要想真正表达情感，仍然需要充分研究收礼者的需求。

5.5 本章小结

本章通过三组行为实验，不仅验证了不同情境下消费者对传播领导者定位品牌产品态度和购买意愿的差异，还探索了这种差异产生的原因，以及这种原因是否真实存在（见表5-3）。

表5-3 本章研究假设验证结果汇总

序号	假设内容	检验结果
H3	相比于自用情境，品牌在赠礼情境下传播领导者定位更有效	成立
H3a	相比于自用情境，消费者在赠礼情境下对传播领导者定位的品牌产品态度更好	成立

续表

序号	假设内容	检验结果
H3b	相比于自用情境，消费者在赠礼情境下对传播领导者定位的品牌购买意愿更强	成立
H4	在赠礼者的预期中，与自用情境相比，收礼者收到传播领导者定位的品牌时的幸福感更强	成立
H5	在面临人际赠礼的购买决策时，与没有传播领导者定位的品牌相比，赠礼者更倾向于选择传播领导者定位的品牌	成立
H5a	在面临人际赠礼的购买决策时，与没有传播领导者定位的品牌相比，赠礼者对传播领导者定位品牌的产品态度更好	成立
H5b	在面临人际赠礼的购买决策时，与没有传播领导者定位的品牌相比，赠礼者对传播领导者定位品牌的购买意愿更强	成立
H6	在赠礼者的预期中，与没有传播领导者定位的品牌相比，收礼者在收到传播领导者定位的品牌时，满意度更高、幸福感更强	成立

中华民族素有“礼仪之邦”的美誉，人际交往看重礼尚往来。即便是在今天，看重人情、讲究送礼的习俗也得到了很好的传承。中国人看重送礼，习惯用礼物来表达含蓄的情感。

在现代商业社会，人们习惯于把商品当做礼物送给他人，用商品来表达感情，许多商品都或多或少地具有礼品的属性。这就说明消费者做出购买决策时可能面临着不同的情境，赠礼情境和自用情境都应该被充分考虑。这也要求品牌在规划自己的定位点和传播策略之前，要充分考虑商品的潜在用途，对目标顾客的购买动机和产品态度有清楚的了解。

传统节日是赠送礼物的一个重要时机。节日期间是礼品消费的高峰期。在节日期间，许多商品会被当作礼物赠送给亲朋好友。节日也正是商家推广品牌，提高知名度、美誉度和销量的关键时期。当然，密集的广告投入需要花费巨大的成本，如此巨大的投入究竟能不能产生与之匹配的效果，在赠礼情境中是否有必要传播领导者定位都是企业非常关心的问题。

相信通过本章的研究发现，可以帮助品牌，特别是礼品属性比较强的品牌更有针对性地规划和调整传播策略。例如，如果品牌产品具有购买者和使用者分离的特点，经常作为礼物出现，那么可以考虑适度传播领导者定位以提高销量。确定以领导者为定位点的品牌，也可以尝试规划不同的购买情境，适当提醒消费者可以把产品作为礼物送给他人，增加消费者选择和购买的理由。

本章主要以按摩器作为实验刺激物，在未来可以考虑拓展研究，增加新的刺激物来重复实验，巩固研究发现。作为礼物的刺激物可以不必是有实际形态的产品，也可以是服务类的无形产品，或者体验型的经历等。

另外，在赠礼情景下，传播领导者定位对消费者产品态度和购买意愿的影响可能还受到其他因素的影响。在未来还可以考虑研究赠礼情境中的其他细分情境，例如，研究带有一定利益诉求的商务赠礼情境。因为在亲友之间，赠礼者与收礼者之间的感情距离和心理距离相对较近。而对于商务赠礼情境的研究可能会增加对研究问题的认识。

第 6 章

总　结

6.1　研究结论

本书从消费者视角出发，研究品牌传播领导者定位对消费者产品态度和购买意愿的影响。首先通过对现有文献的回顾和梳理尝试构建了传播领导者定位对消费者产品态度和购买意愿影响的理论框架。在此基础上进行了探索性研究，采用质性研究深度访谈和大样本问卷调查的方法探索传播领导者定位对消费者产品态度和购买意愿的影响，得到了丰富的研究发现，并进一步归纳出消费者类型和消费情境两个值得深入挖掘的影响因素。最后通过消费者行为实验的研究方法，对这两个影响因素和影响因素的作用机制进行了深入研究。

6.1.1　传播领导者定位对消费者产品态度和购买意愿的探索性发现

本书在现有文献的基础上，尝试构建了一个传播领导者定位对消费者产品态度和购买意愿影响的理论框架。研究的第一部分是在理论框架的指引下，通过质性研究深度访谈的方法和大样本问卷调查的方法进行探索性研究。

第一，采用质性研究中的深度访谈方法，深入挖掘消费者对品牌传播领导者定位的认识和态度。探索发现，传播领导者定位对消费者的产品态度和购买意愿都产生了一定的影响。传播领导者定位对不同类型消费者产品态度和购买意愿的影响并不相同。自我构念水平偏向于依赖型的消费者对传播领导者定位的品牌评价更好。另外，在不同情境下，传播领导者定位对消费者产品态度和购买意愿的影响也有比较显著的不同。具体而言在赠礼情景下消费者更倾向于选择传播领导者定位的品牌。通过对深度访谈数据的挖掘，还得到了一些与研究主题相关的发现。传播领导者定位的作用很可能是由高强度的宣传实现的，领导者定位点这一传播内容的作用比较有限，且有可能对消费者满意度产生负面的影响。消费者对领导者定位点的认知发生了新的变化，对品牌的传播方式也有了新的理解。

第二，在质性研究深度访谈的研究基础上设计了大样本调查问卷。通过对包含 537 个样本的正式测量数据进行分析，进一步验证了质性研究的结论，并且得到了新的研究发现。一是传播领导者定位对具有不同人口统计特征的消费者有不同的影响。研究发现传播领导者定位对消费者产品态度和购买意愿的作用并不受到性别和年龄段的影响。从职业和职务上来看，事业单位工作人员和担任领导者职务的消费者更倾向于选择传播领导者定位品牌。从工作生活地点上来看，四线城市消费者购买传播领导者定位品牌的比例最高。二是传播领导者定位对消费者的影响受到品牌品类和类型的影响。在功能型产品和公开产品中，消费者更倾向于选择传播领导者定位的品牌。消费者在主观上更倾向于在家用电器、手机数码和汽车这几个品类里选择传播领导者定位的品牌。三是在自用情境下领导者定位点不是消费者选择和购买的首要理由。消费者选择和购买传播领导者定位的品牌首先是因为渠道便利，其次是因为产品令人满意，不能排除传播领导者定位产生的效果是由于高频度的营销传播。

通过两个探索性研究，对在文献回顾基础上构建的理论框架进行了检验和修正。探索性研究的发现和结论为下一步的研究明确了方向。

6.1.2 传播领导者定位对不同类型消费者产品态度和购买意愿的影响

通过探索性研究中的质性研究，发现消费者特质（自我构念水平）是影响传播领导者定位对消费者产品态度和购买意愿关系的一个主要因素。在现有文献的基础上通过理论推理提出了研究假设。然后应用四个消费者行为实验，研究了传播领导者定位对具有不同自我构念水平的消费者产品态度和购买意愿的影响以及产生不同影响的原因。

首先，采用不同的启动方式和测量分类方法，变换实验刺激物，对质性研究的发现进行了验证。研究证明，相比于具有独立型自我构念的消费者，品牌传播领导者定位对具有依赖型自我构念的消费者更有效。即与独立型自我构念主导的消费者相比，依赖型自我构念主导的消费者对传播领导者定位的品牌产品态度更好，购买意愿更强。其次，在此基础上进行了中介机制检验。实验发现，自我构念经由消费者独特性需求（回避相似性需求）这一中介因素影响消费者对传播领导者定位品牌的偏好。独立型自我构念主导的消费者具有较强的独特性需求，特别是强烈的回避相似性的需求。而领导者定位点象征着品牌被大众选择和认可。因此，独立型自我构念的消费者会下意识地回避传播领导者定位的品牌，对传播领导者定位的产品态度和购买意愿更低。

6.1.3 传播领导者定位对不同情境消费者产品态度和购买意愿的影响

通过分析质性研究的访谈数据，发现消费者在赠礼情境下对传播领导者定位的产品评价更好，购买意愿更强。因此通过实验的方法验证了不同情境下传播领导者定位对消费者产品态度和购买意愿的影响。

结合赠礼情境和传播领导者定位的相关研究进行理论推理，并针对研究问题设计了三个消费者行为实验。实验结果证明，与自用情境相比，消费者在赠礼情境下，对传播领导者定位品牌的产品态度更好，购买意愿更强。这是因为与自用情境相比，赠礼者认为收礼者收到传播领导者定位品牌的礼物会更幸福。

研究进一步探寻了产生这种现象的原因，发现消费者作为赠礼者时更倾向于选择传播了领导者定位的品牌，表现为对传播领导者定位的品牌产品态度更好，购买意愿更强。这是因为赠礼者认为，如果收到的礼物是“领导者”品牌，收礼者的满意度会更高、幸福感也更强。但实际上并非如此。因为实验数据表明，收礼者并不会因为作为礼物的品牌传播了领导者定位而对其评价更好。而且和没有传播领导者定位的情况相比，收到的礼物是传播了领导者定位的品牌并不会让收礼者更满意和更幸福。

6.1.4 研究结论小结

本书通过质性研究、大样本问卷调查研究和消费者行为实验研究三种方法，深入分析了品牌传播领导者定位对消费者产品态度和购买意愿的影响。三种研究方法的研究成果层层递进，帮助我们更为全面深入地从消费者视角理解了传播领导者定位的作用和发挥作用的条件与机制。本书的主要研究结论如图 6 - 1 所示。

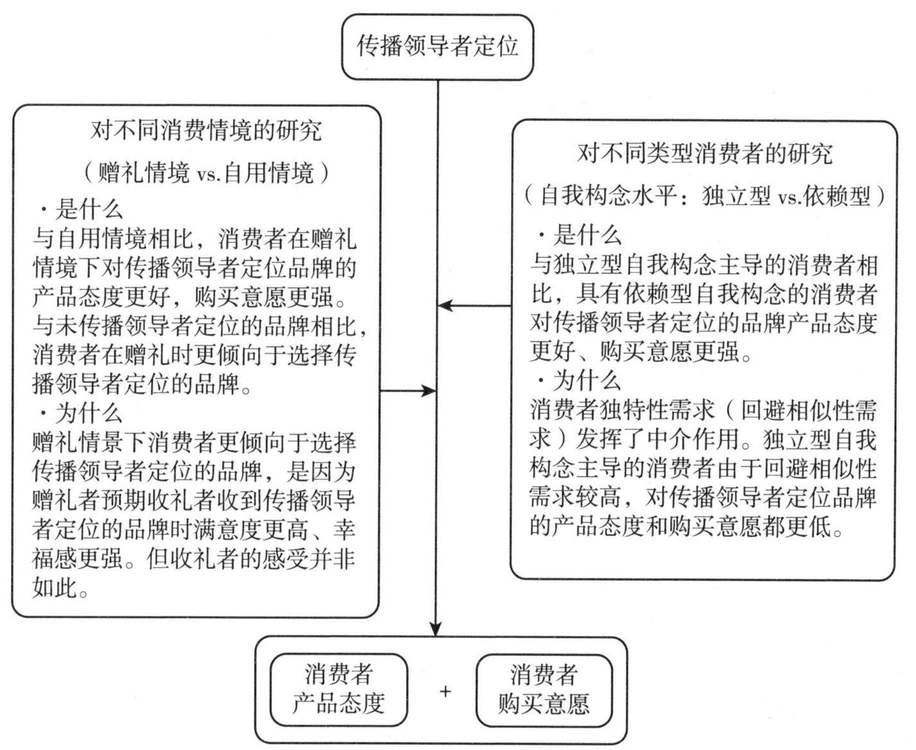

图6-1　本书的主要研究结论

综合以上，笔者得出的主要结论是：传播领导者定位能够对消费者产品态度和购买意愿产生影响。但传播领导者定位对不同类型的消费者产品态度和购买意愿的影响有所差异，在不同的消费情境下作用也不尽相同。

相比于独立型自我构念主导的消费者，品牌传播领导者定位对于依赖型自我构念主导的消费者更有效。自我构念经由消费者独特性需求（回避相似性需求）这一中介因素影响消费者对传播领导者定位品牌的偏好。独立型自我构念主导的消费者由于回避相似性需求较高，对传播领导者定位品牌的产品态度和购买意愿都更低。

与自用情境相比，消费者在赠礼情境下，对传播领导者定位品牌的产品态度更好，购买意愿更强。这是因为与自用情境相比，赠礼者认为收礼者收到传播领导者定位品牌的礼物会更幸福，而且消费者作为赠礼者时更倾向于选择传播领导者定位的品牌，这是因为赠礼者相信收礼者收到传播领导者定位的品牌时满意度更高、幸福感更强。但实际并非如此。

6.2 研究意义

6.2.1 理论意义

第一，本书构建了传播领导者定位对消费者产品态度和购买意愿的研究模型。

本书通过梳理文献，尝试构建了品牌传播对消费者产品态度和购买意愿影响的机理模型。在此基础上建立了传播领导者定位对消费者产品态度和购买意愿的研究框架。通过质性研究和大样本问卷调查的探索性研究，对模型进一步检验和修正，最终得到了传播领导者定位对消费者产品态度和购买意愿影响的研究模型。发现消费者自我构念水平（独立型自我构念和依赖型自我构念）与消费情境（自用情境和赠礼情境）是两个关键影响因素。从消费者视角出发研究传播领导者定位的作用机制，对于定位点理论和品牌传播理论都有一定的理论贡献。

第二，研究发现传播领导者定位对不同自我构念水平消费者产品态度和购买意愿的影响，以及产生这种影响的理论机制。结合自我构念和消费者独特性需求的有关理论研究定位点传播问题，为相关理论的研究贡献了新的维度。

本书在理论推导和探索性研究的基础上设计了一组消费者行为实验来验证提出的假设。实验数据表明，消费者自我构念水平影响了消费者对传播领导者定位品牌的产品态度和购买意愿。与独立型自我构念主导的消费者相比，依赖型自我构念主导的消费者对传播领导者定位品牌的产品态度更好、购买意愿更强。之所以会产生这样的差异是因为消费者独特性需求起到了中介作用。独立型自我构念主导的消费者具有更强的独特性需求，特别是更强的回避相似性的需求。而领导者定位点象征着品牌被大众接受和选择，因此对独立型自我构念主导的消费者来说并不具有吸引力。

第三，研究发现，传播领导者定位对赠礼情境和自用情境下消费者产品态度和购买意愿的影响，并进一步提出了潜在的原因。

本书研究探讨了在不同情境下传播领导者定位对消费者产品态度和购买意愿的影响，并挖掘了影响背后的原因。通过对赠礼情景下不同角色（赠礼者和收礼者）的分析，重新审视了品牌传播领导者定位的作用。把赠礼情境引入传播领导者定位的研究中，以消费者产品态度和购买意愿来评价品牌传播定位点的作用，具有一定的理论意义。

6.2.2 实践意义

研究传播领导者定位对消费者的影响，对企业的营销实践有非常重要的指导作用。了解品牌传播领导者定位如何对消费者的产品态度和购买意愿产生影响，能够帮助企业更好地了解目标顾客并据此调整营销定位，制定符合逻辑的营销战略，科学地组织信息传播，减少无效沟通。

营销定位首先需要企业选择目标顾客，之后选择目标顾客最为关注的点，在这一点上做到优于竞争对手，并通过营销要素组合的规划和实施让目标顾客感知定位点真实存在。给目标顾客充分的选择和购买理由的同时，保证收入大于成本。本书的研究结论对企业的营销定位规划和实施都有比较重要的借鉴意义。

第一，品牌应当慎重考虑是否应该选择以领导者作为定位点；企业需要了解自己的目标顾客，选择的营销定位点应当是目标顾客最为关注的。本书的研究结果表明，与依赖型自我构念主导的消费者相比，独立型自我构念主导的消费者由于独特性需求很强，而对品牌传播领导者定位的评价和购买意向都相对较弱。如果企业的主要目标顾客是相对个性化的群体，追求独特和回避相似性的需求较强，就不适合选择以领导者作为定位点。即便选择以领导者为定位点，也要考虑定位点所在的位置是否应该在营销传播要素上。

从短期来看，如果品牌已经确定了领导者定位点，那么在传播过程中可以考虑通过一些传播方式来启动消费者的依赖型自我构念，以此提高消费者的产品态度和购买意愿。例如，强调“我们”而非“我”的概念，在推销中启发消费者关注自己与他人的相似性而非相异性等。

第二，品牌在规划定位点时，应该充分考虑产品的属性和消费场景。本书通过研究发现，消费者在面对功能性较强且在公开场合使用的产品时，相对而言更倾向于选择传播领导者定位的品牌。这也说明，提供形象类产品和体验型服务的企业不太适合在传播中强调领导者定位。另外，企业需要充分考虑产品消费的情境。如果企业所提供的产品具有比较强的礼品属性，适合作为礼物送给他人，做出购买决策的消费者通常不是使用者，那么可以考虑以领导者为定位点进行传播。从短期来看，已经确定以领导者为定位点的品牌，可以考虑在信息规划和人员促销时，适当提醒消费者购买产品有多种用途，除了自己消费之外，还可以购买产品作为礼物送给他人。

第三，本书提供的另外一个重要启示是要正确认识营销传播的作用。品牌传播定位的目的是达成与目标顾客的有效沟通。营销传播通常需要投入高昂的费用。重金投资广告带来的知名度的提升并不一定能够保证品牌美誉度，以及长期销量也一定能得到稳步提升。给目标顾客充分的选择和购买理由的同时，应该保证收入大于成本。

如果品牌传播领导者定位达不到改善消费者的产品态度和提升购买意愿的目的，那么对于企业来说将是巨大的浪费。对于消费者来说，观看毫无新意的重复的广告是一种无谓的折磨，反而容易造成负面的评价和口碑传播。企业减少盲目的广告投入，既能更好地呵护目标顾客，也能更有效地利用资金和资源。减少徒劳无效的营销沟通，也能够减轻社会资源的浪费，有利于行业的健康发展。

6.3 创新性

本书的创新性主要体现在研究内容、研究角度、研究对象和研究方法四个方面。

第一，研究内容具有一定的创新性。本书主要研究了品牌传播领导者定位对消费者产品态度和购买意愿的影响。定位点选择是营销定位的核心问题，但现有文献对定位点和定位点传播的研究一直比较欠缺，无法清晰解释品牌传播领导者定位的效果（李飞等，2005；张会锋，2013）。以往的研究认为，当消费者把品牌视为领导性品牌时，对品牌的评价也会明显得到提高（Hellofs and Jacobson，1999；Kamins，Alpert and Perner，2003；Kamins，Alpert and Perner，2007），品牌应该以领导者为定位点，在传播环节突出并且强调品牌是市场领导者的特征（里斯和特劳特，1986；2003）。但这些文献都没有清楚解释传播领导者定位对消费者产品态度和购买意愿的影响，也没有讨论产生影响的条件和作用机制。

本书在现有文献的基础上构建了传播领导者定位对消费者产品态度和购买意愿影响的理论框架。通过探索性研究得到了丰富的研究发现，并且归纳出消费者类型（自我构念水平）与消费情境（赠礼和自用）两个值得深入挖掘的影响因素。本书在探索性研究的基础上设计了两组行为实验，对这两个影响因素的主效应和影响作用机制进行了深入研究，对定位理论特别是定位点传播的研究做出了一定的贡献。

第二，与已有研究相比，本书在研究角度上具有一定的创新性。长期以来，营销学者忽略了定位理论的实证基础（Arnott，1992；1994），针对定位理论的研究绝大多数是描述性或者理论性的（Aaker and Shansby，1982），缺乏实证研究（Easingwood and Mahajan，2010）。目前关于营销定位点的研究以描述性和理论性研究为主（Aaker and Shansby，1982）。相关的实证研究也主要集中在企业决策层面（Arnott，1992；Crawford，2010），主要研究企业有关定位点选择的决策逻辑，也就是品牌定位点的形成机理（李飞和马燕，2016；李飞等，2017），很少从消费者角度出发，研究品牌定位点传播的战略对消费者的影响（张会锋，2013）。本书从消费者视角出发，以消费者产品态度和购买意愿为切入点，研究品牌传播领导者定位对消费者的影响。系统地解释了传播领导者定位对消费者产品态度与购买意愿的影响和产生影响的原因。

第三，与现有文献相比，本书在研究对象的选择上具有一定的创新性。有关领导者定位和传播的研究通常只关注由于市场竞争而自然形成的市场领导者和市场先驱。研究对象的选择以市场份额或规模为标准，重点关注市场份额最大和最早进入某品类的市场先驱的竞争优势，以及如何让消费者感知到自己是领导者品牌（Kamins，Alpert and Perner，2007）。对通过品牌定位和规划而以领导者为定位点的新品类和小规模品牌研究较少。与之前有关市场领导者品牌的文献相比，本书扩大了研究对象的范围，把研究范围拓展到所有以领导者为定位点的品牌，研究此类品牌传播领导者定位对消费者产品态度和购买意愿的影响，对传播领导者定位的理论做出了一定的创新。

第四，在研究方法上也有一定的创新。定位理论缺乏实证研究，特别是缺乏消费者视角的研究已经成为营销学者的共识（Aaker and Shansby，1982；张会锋，2013）。现有研究没有为解释品牌定位及与品牌定位相关的营销要素对消费者产品态度和购买意愿的影响提供可供参考的研究范式。针对定位点选择和传播的问题，过往研究主要以案例研究为主（Crawford，2010），采集一手和二手数据，对一个或几个样本企业进行深入研究。本书从研究问题出发，选择适合研究问题和研究阶段的研究方法，通过质性研究、大样本问卷调查研究两个探索性研究和消费者行为实验研究三种方法，深入分析了品牌传播领导者定位对消费者产品态度和购买意愿的影响。为定位点问题的研究方法提供了新的思路。

6.4 局限性与未来研究方向

本书通过质性研究、大样本问卷调查和消费者行为实验的方法对研究问题进行了比较深入的探索，但在以下三个方面仍然存在一定的局限性。

第一，本书从消费者视角探讨传播领导者定位的影响机制，重点研究了自我构念（独立型 vs. 依赖型）和不同情境（赠礼情境 vs. 自用情境）两个因素。这是通过探索性研究中的质性研究深度访谈数据总结归纳得出的结论。但由于质性研究的研究特点和理论抽样的要求，没有覆盖更多类型的消费者。在未来可以进一步扩大研究范围，选取更多的消费者心理因素融入模型中。检验不同边界条件下，传播领导者定位的影响因素。

第二，为了避免被试的个人偏好和品牌知识影响对实验刺激物的判断，本书的实验研究部分没有选用真实存在的品牌。虽然品牌品类的选择是以大样本问卷调查的研究发现为依据的，但仍然存在一定的拓展空间。

与研究领导性品牌的传播策略相比，研究传播领导者定位的品牌具有一定的难度。在现实生活中，不同类型的品牌在很多方面都存在差异。例如，快消类产品的目标顾客通常是个体消费者，产品或服务价格较低，销售网点广泛，信息渠道多样，消费者决策变化快，影响因素也较多。而工业类产品的目标顾客通常是企业（一个单位），或者是企业家（一个人）。工业产品或服务单价高，有比较固定的销售和信息渠道。在未来的研究中可以增加更多品牌类型的刺激物，多次重复实验，或者尝试研究真实存在的品牌，尽可能地巩固研究发现，获得更加具有普适性的研究结论。

第三，本书关于不同情境，特别是赠礼情境的研究还存在一定的拓展空间。在对赠礼情境的讨论中，主要研究的是消费者向亲友赠送礼物的情况。亲友相对来说是一种共同关系。赠礼情境是一个包含了多种类型参与主体在内的复杂决策情境。除了赠送礼物给亲友之外，还有出于利益诉求的商务送礼，以及送给同事、老板、客户等其他对象的多种情境。由于送礼对象不同，导致赠礼者的购礼动机大不相同，由此而造成人们表现出的购礼行为、对礼品评价行为也大不相同。未来可以研究更加复杂的送礼情境，以及更多类型的送礼对象，可能会得出更加丰富和有意义的研究结论。

相信随着企业对消费者认知和行为的关注与重视程度的提高，对于传播领导者定位这一定位问题的研究会更加深入。未来的研究也将不仅限于对消费者产品态度和购买意愿两个维度，进一步拓展到关于消费者品牌信任、传播意愿等各个方面。本书只是为从消费者视角研究品牌的定位问题开了一个头，相信未来会有更多更精细的研究能够不断地丰富营销定位和定位点理论，为品牌科学定位提供有针对性的指导。

附录 A　调查问卷

您好！感谢您参与我们的问卷调查！我们承诺本问卷调查结果仅供学术研究使用，没有任何商业用途，您提供的所有个人信息和答案都将被严格保密。答案没有对错之分，请根据您自身的经历和判断如实作答。问卷填写大概需要15 分钟的时间，请您认真完整地填写问卷，谢谢！

1. 您的性别是：[单选题]*

○男　　○女

2. 您的年龄段是：(单选) [单选题]*

○17 岁及以下　　○18 ~ 24 岁　　○25 ~ 29 岁　　○30 ~ 34 岁

○35 ~ 39 岁　　○40 ~ 44 岁　　○45 ~ 49 岁　　○50 ~ 54 岁

○55 ~ 59 岁　　○60 岁及以上

3. 您的最高学历是：(单选) [单选题]*

○小学及以下　　○初中　　○高中/中专/技校　　○大专

○大学本科　　○硕士　　○博士

4. 您的职业是：(单选，选择最符合实际情况的一项) [单选题]*

○在校学生

○专业人士（教师/医生/律师/工程师/技术员等）

○服务业从业人员（餐厅服务员/司机/售货员等）

○工人

○农民

○军人

○公司职员

○企业经理人

○事业单位/公务员/政府工作人员

○民营企业家

○自由职业者（作家/艺术家/摄影师/导游等）

○已退休

○其他________________

5. 您在工作中的身份更接近于？（单选，选择最符合实际情况的一项）［单选题］*

○在校学生

○老板/领导

○专家/专业人士

○基层员工

○基层管理人员

○中层管理人员

○高层管理人员

○自由职业者

○其他________________

6. 您每月平均收入大约是？（单选，选择最符合实际情况的一项）［单选题］*

○2000 元以下　○2000 ~ 4000 元　○4001 ~ 6000 元

○6001 ~ 8000 元　○8001 ~ 10000 元　○10001 ~ 20000 元

○20001 ~ 40000 元　○40001 ~ 80000 元　○80000 元以上

7. 您现在工作生活的地点是：（单选，选择最符合实际情况的一项）［单选题］*

○中国境外　○港澳台地区　○乡、镇、村

○一线城市（北京、上海、广州、深圳）

○新一线城市（成都、杭州、武汉、重庆、南京、天津、苏州、西安、长沙、沈阳、青岛、郑州、大连、东莞、宁波）

○二线城市：____________

○三线城市：____________

○四线城市：____________

○五线城市：____________

8. 您目前的家庭结构是：（单选，选择最符合实际情况的一项）［单选题］*

○单身　○未婚有伴侣　○已婚无子女

○有未成年的子女　○子女均已成年　○老年夫妇

○独身老人　○其他

9. 您的消费特点是？请给以下消费特点的真实性打分［矩阵量表题］*

	非常不像我	不像我	不太像我	中立	比较像我	像我	非常像我
传统保守	○	○	○	○	○	○	○
新潮前卫	○	○	○	○	○	○	○
理性慎重	○	○	○	○	○	○	○
感性冲动	○	○	○	○	○	○	○
追求独特	○	○	○	○	○	○	○
服从大众	○	○	○	○	○	○	○

10. 您认为符合下列哪些条件的可以被称为“市场领导者”？（多选，选择所有符合要求的选项）［多选题］*

□在某个品类里销量第一　　□在某个品类里市场占有率最高

□在某个品类里知名度最高　　□进入某个行业/品类最早

□能够引领某个行业/品类的潮流　　□其他________________

11. 您认为在以下几条广告中，哪些是在宣传品牌/产品的“领导者”地位？（多选，选择所有符合要求的选项）［多选题］*

□香飘飘奶茶，一年卖出十亿杯，杯子连起来可绕地球三圈

□加多宝凉茶，全国销量遥遥领先

□雅鹿，中国驰名商标

□波司登专注羽绒服 42 年

□方太，行业领跑者

□快手，6 亿人都在玩的短视频 App

□低碳厨房领导者——美的电磁厨房设备

□雅迪，更高端的智能电动车

□以上都不是

12. 您最近一年内购买过自称是“领导者”的品牌吗？（单选）［单选题］*

○有　　○没有（请跳至第 24 题）　　○不确定/不知道

13. 请写出一个您最近购买的自称是“领导者”的品牌产品/服务的名称？（例如：× ×奶茶、× ×汽车、× ×服装、× ×电器）［填空题］*

____

14. 这种产品/服务属于以下哪个品类？（多选，选择所有符合要求的选项）［多选题］*

□汽车和汽车用品

□家用电器

□家居、家具、厨具

□手机数码、电脑办公类

□服装鞋包（男装男鞋、女装女鞋、童装童鞋等）

□美妆护肤、个护清洁（护肤品、化妆品等）

□日用品（纸巾、洗衣液等）

□母婴类产品

□食品（零食、饮料、营养品等）

□教育和培训（线上线下课程）

□体验项目（迪士尼乐园，酒店等）

□服务（美容美发按摩服务等）

□其他________________

15. 这种产品/服务属于以下哪个类型？（多选，选择所有符合要求的选项）[多选题]*

□功能型（满足实际功用的产品）

□形象型（提升个人形象，如香水、口红等）

□体验型（游乐园等）

□服务型（以无形服务为主，一般没有实体产品）

□公开产品（消费场景是公开的、可视的，产品在社交中发挥重要作用）

□私人产品（消费场景相对来说是非公开的、不可视的，在购买或使用时并不会被其他人注意）

□其他________________

16. 您购买这种产品/服务的用途是？（多选）[多选题]*

○作为礼物送给别人

○留给自己使用（请跳至第18题）

17. 您把它作为礼物，送给了什么人？（多选，选择所有符合要求的选项）[多选题]*

□父母亲人　　□同学、同事、朋友　　□配偶恋人

□领导师长　　□客户　　□其他__________________

18. 您看过这个产品/服务的广告或其他宣传信息吗？（单选）[单选题]*

○看过，非常熟悉　　○看过，比较熟悉

○有点印象，记不清楚了　　○从没看过

19. 您是第一次购买这个产品/品牌吗？[单选题]*

○是　　○不是　　○不确定

20. 您购买这个产品/服务是出于以下哪个原因？请给下列购买理由的真实性打分［矩阵量表题］*

（1）随便买的，属于冲动消费

非常不符合事实 ○1 ○2 ○3 ○4 ○5 ○6 ○7 非常符合事实

（2）回头客了，买过很多次

非常不符合事实 ○1 ○2 ○3 ○4 ○5 ○6 ○7 非常符合事实

（3）做了认真的研究，最后选择了它

非常不符合事实 ○1 ○2 ○3 ○4 ○5 ○6 ○7 非常符合事实

21. 您购买这个产品/服务是出于以下哪个原因？请给下列购买理由的真实性打分［矩阵量表题］*

（1）产品令人满意

非常不符合事实 ○1 ○2 ○3 ○4 ○5 ○6 ○7 非常符合事实

（2）服务热情周到

非常不符合事实 ○1 ○2 ○3 ○4 ○5 ○6 ○7 非常符合事实

（3）价格公道合理

非常不符合事实 ○1 ○2 ○3 ○4 ○5 ○6 ○7 非常符合事实

（4）购买渠道便利

非常不符合事实 ○1 ○2 ○3 ○4 ○5 ○6 ○7 非常符合事实

（5）广告有吸引力

非常不符合事实 ○1 ○2 ○3 ○4 ○5 ○6 ○7 非常符合事实

（6）宣传力度很大

非常不符合事实 ○1 ○2 ○3 ○4 ○5 ○6 ○7 非常符合事实

（7）是“领导者”品牌

非常不符合事实 ○1 ○2 ○3 ○4 ○5 ○6 ○7 非常符合事实

22. 您在选择此类产品/服务的时候最在意它的哪些特征？请给以下特征的重要程度打分［矩阵量表题］*

（1）产品质量过硬

非常不在意 ○1 ○2 ○3 ○4 ○5 ○6 ○7 非常在意

（2）服务热情周到

非常不在意 ○1 ○2 ○3 ○4 ○5 ○6 ○7 非常在意

（3）价格公道合理

非常不在意 ○1 ○2 ○3 ○4 ○5 ○6 ○7 非常在意

（4）购买渠道便利

非常不在意 ○1 ○2 ○3 ○4 ○5 ○6 ○7 非常在意

(5) 广告有吸引力

非常不在意 ○1 ○2 ○3 ○4 ○5 ○6 ○7 非常在意

(6) 是“领导者”品牌

非常不在意 ○1 ○2 ○3 ○4 ○5 ○6 ○7 非常在意

23. 您最在意有关此类产品/服务的哪些特征？请给以下特征的重要程度打分［矩阵量表题］*

(1) 产品/服务能给我带来真实可见的利益和效用

非常不重要 ○1 ○2 ○3 ○4 ○5 ○6 ○7 非常重要

(2) 购买和使用它的过程能给我带来精神上的体验和享受

非常不重要 ○1 ○2 ○3 ○4 ○5 ○6 ○7 非常重要

(3) 产品的外观、工艺、材料、形态、包装等属性很好

非常不重要 ○1 ○2 ○3 ○4 ○5 ○6 ○7 非常重要

(4) 购买使用/作为礼物送人能让我很有面子

非常不重要 ○1 ○2 ○3 ○4 ○5 ○6 ○7 非常重要

24. 您平时最经常接触到的广告类型是？（多选，选择所有符合要求的选项）［多选题］*

□平面广告（纸媒、公交站和写字楼等广告牌）

□电视广告

□电脑端网页广告

□手机端推送广告（包括 App 弹窗、公众号软文等）

□其他____________________

25. 您如何看待很多品牌自称为市场领导者的行为？（单选，请选择和您观点最接近的一项）［单选题］*

○非常有必要，因为这样能够促进消费者的购买

○很有必要，因为这样能够提高消费者对品牌的认知和喜爱程度

○不是很有必要，消费者不一定是因为该产品是某一品类“领导者”的宣传才购买的

○完全没必要，这样宣传就是夸大其词、盲目跟风

○其他____________________

26. 您会因为一个产品/服务是某一品类的领导者而购买吗（已知该产品/服务的价格在你可承受的范围之内）？（单选，请选择和您观点最接近的一项）［单选题］*

○一定会，领导者意味着最好的品质，销量多意味着被大众认可

○一定会，领导者品牌是身份和面子的象征

○不一定，我不太在乎买的是不是领导者品牌

○不一定，要看买的是什么产品/服务

○一定不会，我永远只买自己熟悉或者性价比高的产品/服务（请跳至第30题）

○其他____________________

27. 您会因为一个产品/服务是某一品类的领导者而购买吗（已知该产品/服务的价格在你可承受的范围之内）？（单选，请选择和您观点最接近的一项）［矩阵量表题］*

（1）如果是我比较了解的品类，那么我

一定不会买 ○1 ○2 ○3 ○4 ○5 ○6 ○7 一定会买

（2）如果是我不太了解的品类，那么我

一定不会买 ○1 ○2 ○3 ○4 ○5 ○6 ○7 一定会买

（3）如果我认为这个产品/服务对我来说非常重要/贵重，那么我

一定不会买 ○1 ○2 ○3 ○4 ○5 ○6 ○7 一定会买

（4）如果我认为这个产品/服务对我来说不太重要/贵重，那么我

一定不会买 ○1 ○2 ○3 ○4 ○5 ○6 ○7 一定会买

28. 在购买以下哪一类产品/服务时您会更愿意选择自称是“领导者”的品牌（已知该产品/服务的价格在你可承受的范围之内）？（多选，选择所有符合要求的选项）［多选题］*

□汽车和汽车用品

□家用电器

□家居、家具、厨具

□手机数码、电脑办公类

□服装鞋包（男装男鞋、女装女鞋、童装童鞋等）

□美妆护肤、个护清洁（护肤品、化妆品等）

□日用品（纸巾、洗衣液等）

□母婴类产品

□食品（零食、饮料、营养品等）

□教育和培训（线上线下课程）

□体验项目（迪士尼乐园、酒店等）

□服务（美容美发、按摩服务等）

□其他____________________

29. 在购买以下哪一类产品/服务时您会更愿意选择自称是“领导者”品

牌的产品/服务（已知该产品/服务的价格在你可承受的范围之内）？（多选，选择所有符合要求的选项）［多选题］*

□功能型（满足实际功用的产品）

□形象型（提升个人形象，如香水、口红等）

□体验型（游乐园等）

□服务型（以无形服务为主，一般没有实体产品）

□公开产品（消费场景是公开的、可视的，产品在社交中发挥重要作用）

□私人产品（消费场景相对来说是非公开的、不可视的，在购买或使用时并不会被其他人注意）

□其他____________________

30. 您认为产品广告应该传播什么样的信息？请给下列做法的必要程度打分［矩阵量表题］*

(1) 着重宣传产品的核心利益和效用（如止痛、好吃、省钱等）

非常不重要 ○1 ○2 ○3 ○4 ○5 ○6 ○7 非常重要

(2) 着重宣传产品的精神感受和体验（如自信、成功、尊贵等）

非常不重要 ○1 ○2 ○3 ○4 ○5 ○6 ○7 非常重要

(3) 重点宣传产品在行业/品类中的地位（如是某个品类的领导者）

非常不重要 ○1 ○2 ○3 ○4 ○5 ○6 ○7 非常重要

(4) 不宣传其他信息，只反复强调产品/品牌的名称

非常不重要 ○1 ○2 ○3 ○4 ○5 ○6 ○7 非常重要

附录 B　实验 1 问卷示例

独立组

您好！感谢您参与我们的问卷调查！我们承诺本问卷调查结果仅供学术研究使用，没有任何商业用途，您提供的所有个人信息和答案都将被严格保密。答案没有对错之分，请根据您自身的经历和判断如实作答。问卷填写大概需要 5 分钟的时间，请您认真完整地填写问卷，谢谢！

请认真阅读下面的材料，并回答问题。

我常独自去乡村玩。乡村的风景有如写意的山水画，会让我的心变得十分宁静。走在乡间的小路上，我的眼里尽是生机勃勃的绿，偶尔有不知名的小花闯入我的眼帘，增添我的欢喜。

有时候，我会采摘一些，编成花冠戴在我的头上；有时候，我静静地躺在绿油油的草地上，看蓝蓝的天上朵朵白云飘荡，高远的天空，飘忽的白云，给我无限遐想；有时候，我也在田野里奔跑，放飞我的风筝，也放飞我的梦想。

当我来到乡村，当我路过小桥流水，当我在田野里躺在看白云，或者跑着放风筝，我想，我一定也是那写意山水的一道笔墨了吧！

1. 以上材料中出现的人称代词是？[单选题]*

○“我”和“我的”

○“我们”和“我们的”

○“你”和“你的”

○“你的”和“你们的”

2. 以上材料中的人称代词一共出现了几次？请在以下空白处填写出现次数 [填空题]*

请认真阅读以下广告，并按要求作答。

3. 您认为这则广告是在宣传品牌的“领导者”地位吗？（“1”代表“一定不是”，“4”代表“中立”，“7”代表“一定是”）［单选题］*

一定不是 ○1 ○2 ○3 ○4 ○5 ○6 ○7 一定是

请如实回答你对上一题广告中出现的产品/品牌的态度和看法，并选择最符合你观点的选项。

4. 我认为广告中出现的产品：（“1”代表“非常不好”，“4”代表“中立”，“7”代表“非常好”）［单选题］*

非常不好 ○1 ○2 ○3 ○4 ○5 ○6 ○7 非常好

5. 我认为广告中出现的产品对我来说：（“1”代表“非常没有吸引力”，“4”代表“中立”，“7”代表“非常有吸引力”）［单选题］*

非常没有吸引力 ○1 ○2 ○3 ○4 ○5 ○6 ○7 非常有吸引力

6. 我认为广告中出现的产品：（“1”代表“质量非常差”，“4”代表“中立”，“7”代表“质量非常高”）［单选题］*

质量非常差 ○1 ○2 ○3 ○4 ○5 ○6 ○7 质量非常高

7. 我对广告中出现的产品：（“1”代表“非常不喜欢”，“4”代表“中立”，“7”代表“非常喜欢”）［单选题］*

非常不喜欢 ○1 ○2 ○3 ○4 ○5 ○6 ○7 非常喜欢

8. 在预算许可的条件下，我会购买广告中的产品：（“1”代表“根本不会”，“4”代表“中立”，“7”代表“一定会”）［单选题］*

根本不会 ○1 ○2 ○3 ○4 ○5 ○6 ○7 一定会

9. 在预算许可的条件下，我愿意购买广告中的产品：（“1”代表“非常

不愿意”，“4”代表“中立”，“7”代表“非常愿意”）[单选题]*

非常不愿意　○1　○2　○3　○4　○5　○6　○7　非常愿意

10. 在预算许可的条件下，我购买广告中产品的可能性更接近于：（“1”代表“完全不可能”，“4”代表“中立”，“7”代表“非常可能”）[单选题]*

完全不可能　○1　○2　○3　○4　○5　○6　○7　非常可能

11. 您认为本问卷的研究目的是什么？[单选题]*

○不知道　　○其他__________________

12. 您的性别是：[单选题]*

○男　　○女

13. 您的年龄段是：[单选题]*

○17岁及以下　○18~24岁　○25~29岁　○30~34岁　○35~39岁

○40~44岁　○45~49岁　○50~54岁　○55~59岁　○60岁及以上

依赖组

您好！感谢您参与我们的问卷调查！我们承诺本问卷调查结果仅供学术研究使用，没有任何商业用途，您提供的所有个人信息和答案都将被严格保密。答案没有对错之分，请根据您自身的经历和判断如实作答。问卷填写大概需要5分钟的时间，请您认真完整地填写问卷，谢谢！

请认真阅读下面的材料，并回答问题。

我们常一块去乡村玩。乡村的风景有如写意的山水画，会让我们的心变得十分宁静。走在乡间的小路上，我们的眼里尽是生机勃勃的绿，偶尔有不知名的小花闯入我们的眼帘，增添我们的欢喜。

有时候，我们会采摘一些，编成花冠戴在我们的头上；有时候，我们静静地躺在绿油油的草地上，看蓝蓝的天上朵朵白云飘荡，高远的天空，飘忽的白云，给我们无限遐想；有时候，我们也在田野里奔跑，放飞我们的风筝，也放飞我们的梦想。

当我们来到乡村，当我们路过小桥流水，当我们在田野里躺在看白云，或者跑着放风筝，我们想，我们一定也是那写意山水的一道笔墨了吧！

（依赖组和独立组在问题设置部分完全相同）

附录 C　实验 2 问卷示例

独立组

您好！感谢您参与我们的问卷调查！我们承诺本问卷调查结果仅供学术研究使用，没有任何商业用途，您提供的所有个人信息和答案都将被严格保密。答案没有对错之分，请根据您自身的经历和判断如实作答。问卷填写大概需要 5 分钟的时间，请您认真完整地填写问卷，谢谢！

请认真思考，你与家人和朋友之间有哪些不同？你对自己有哪些期待？

1. 请写出你与朋友的三点不同之处［填空题］*

____

2. 请写出你对自己未来的两个期望［填空题］*

____

请认真阅读以下广告，并按要求作答。

3. 您认为这则广告是在宣传品牌的“领导者”地位吗？（“1”代表“一定不是”，“4”代表“中立”，“7”代表“一定是”）［单选题］*

一定不是　○1　○2　○3　○4　○5　○6　○7　一定是

请如实回答你对上一题广告中出现的产品/品牌的态度和看法，并选择最符合你观点的选项。

4. 我认为广告中出现的产品：（“1”代表“非常不好”，“4”代表“中立”，“7”代表“非常好”）［单选题］*

非常不好　○1　○2　○3　○4　○5　○6　○7　非常好

5. 我认为广告中出现的产品对我来说：（“1”代表“非常没有吸引力”，“4”代表“中立”，“7”代表“非常有吸引力”）［单选题］*

非常没有吸引力　○1　○2　○3　○4　○5　○6　○7　非常有吸引力

6. 我认为广告中出现的产品：（“1”代表“质量非常差”，“4”代表“中立”，“7”代表“质量非常好”）［单选题］*

质量非常差　○1　○2　○3　○4　○5　○6　○7　质量非常好

7. 我对广告中出现的产品：（“1”代表“非常不喜欢”，“4”代表“中立”，“7”代表“非常喜欢”）［单选题］*

非常不喜欢　○1　○2　○3　○4　○5　○6　○7　非常喜欢

8. 在预算许可的条件下，我会购买广告中的产品：（“1”代表“根本不会”，“4”代表“中立”，“7”代表“一定会”）［单选题］*

根本不会　○1　○2　○3　○4　○5　○6　○7　一定会

9. 在预算许可的条件下，我愿意购买广告中的产品：（“1”代表“非常不愿意”，“4”代表“中立”，“7”代表“非常愿意”）［单选题］*

非常不愿意　○1　○2　○3　○4　○5　○6　○7　非常愿意

10. 在预算许可的条件下，我购买广告中产品的可能性更接近于：（“1”代表“完全不可能”，“4”代表“中立”，“7”代表“非常可能”）［单选题］*

完全不可能　○1　○2　○3　○4　○5　○6　○7　非常可能

11. 您认为本问卷的研究目的是什么？［单选题］*

○不知道　　○其他____________________

12. 您的性别是：［单选题］*

○男　　○女

13. 您的年龄段是：［单选题］*

○17岁及以下　○18～24岁　○25～29岁　○30～34岁　○35～39岁

○40～44岁　○45～49岁　○50～54岁　○55～59岁　○60岁及以上

依赖组

您好！感谢您参与我们的问卷调查！我们承诺本问卷调查结果仅供学术研究使用，没有任何商业用途，您提供的所有个人信息和答案都将被严格保密。答案没有对错之分，请根据您自身的经历和判断如实作答。问卷填写大概需要 5 分钟的时间，请您认真完整地填写问卷，谢谢！

请认真思考，你与家人或朋友之间有哪些相似之处？他们对你有哪些期待？

1. 请写出你与家人和朋友的三点相似之处［填空题］*

____

2. 请写出家人和朋友对你的两个期望［填空题］*

____

（依赖组和独立组在问题设置部分完全相同）

附录 D　实验 3 问卷示例

您好！感谢您参与我们的问卷调查！我们承诺本问卷调查结果仅供学术研究使用，没有任何商业用途，您提供的所有个人信息和答案都将被严格保密。答案没有对错之分，请根据您自身的经历和判断如实作答。问卷填写大概需要 15 分钟的时间，请您认真完整地填写问卷，谢谢！

1. 下列题项涉及人们在各种情境下的各种情感和行为。请认真阅读这些题项，并按你赞同或不赞同的程度，选择相应的选项。[矩阵量表题]*

（1）我乐意在很多方面与众不同。

非常不赞同　○1　○2　○3　○4　○5　○6　○7　非常赞同

（2）我能与初次见面的人坦率地交谈，即使这个人年龄比我大很多。

非常不赞同　○1　○2　○3　○4　○5　○6　○7　非常赞同

（3）即使我完全不赞成其他人的意见，我也避免与他们争论。

非常不赞同　○1　○2　○3　○4　○5　○6　○7　非常赞同

（4）我尊重我结交的那些权威人物。

非常不赞同　○1　○2　○3　○4　○5　○6　○7　非常赞同

（5）我做自己的事，不管别人怎么看。

非常不赞同　○1　○2　○3　○4　○5　○6　○7　非常赞同

（6）我尊重那些谦逊的人。

非常不赞同　○1　○2　○3　○4　○5　○6　○7　非常赞同

（7）我觉得能独立行动对我来说是重要的。

非常不赞同　○1　○2　○3　○4　○5　○6　○7　非常赞同

（8）我会为了所在集体的利益牺牲自己的个人利益。

非常不赞同　○1　○2　○3　○4　○5　○6　○7　非常赞同

（9）我宁愿直截了当地说“不”，也不愿被人误解。

非常不赞同　○1　○2　○3　○4　○5　○6　○7　非常赞同

(10) 拥有生动的想象，对我来说是重要的。

非常不赞同 ○1 ○2 ○3 ○4 ○5 ○6 ○7 非常赞同

(11) 我制定教育或职业计划时，应该考虑父母的建议。

非常不赞同 ○1 ○2 ○3 ○4 ○5 ○6 ○7 非常赞同

(12) 我觉得自己的命运和周围那些人的命运息息相关。

非常不赞同 ○1 ○2 ○3 ○4 ○5 ○6 ○7 非常赞同

(13) 对待刚见面的人，我也更喜欢直接坦率。

非常不赞同 ○1 ○2 ○3 ○4 ○5 ○6 ○7 非常赞同

(14) 跟别人合作时，我觉得愉快。

非常不赞同 ○1 ○2 ○3 ○4 ○5 ○6 ○7 非常赞同

(15) 单独受到表扬或奖励，我觉得愉快。

非常不赞同 ○1 ○2 ○3 ○4 ○5 ○6 ○7 非常赞同

(16) 如果我的兄弟或姐妹失败，我觉得自己有责任。

非常不赞同 ○1 ○2 ○3 ○4 ○5 ○6 ○7 非常赞同

(17) 我常常感到，跟别人的关系如何比我所取得的成绩更加重要。

非常不赞同 ○1 ○2 ○3 ○4 ○5 ○6 ○7 非常赞同

(18) 在课堂（或会议）上发言，对我来说不成问题。

非常不赞同 ○1 ○2 ○3 ○4 ○5 ○6 ○7 非常赞同

(19) 在公共汽车上，我会给老师（或上司）让座。

非常不赞同 ○1 ○2 ○3 ○4 ○5 ○6 ○7 非常赞同

(20) 不管和谁在一起，我行为处事的方式都一样。

非常不赞同 ○1 ○2 ○3 ○4 ○5 ○6 ○7 非常赞同

(21) 我周围的人快乐，我就快乐。

非常不赞同 ○1 ○2 ○3 ○4 ○5 ○6 ○7 非常赞同

(22) 我认为健康胜过一切。

非常不赞同 ○1 ○2 ○3 ○4 ○5 ○6 ○7 非常赞同

(23) 如果集体需要，我就会留下，即使我和大家在一起并不快乐。

非常不赞同 ○1 ○2 ○3 ○4 ○5 ○6 ○7 非常赞同

(24) 我设法做对自己最有利的事，不管那样会如何影响到其他人。

非常不赞同 ○1 ○2 ○3 ○4 ○5 ○6 ○7 非常赞同

(25) 能照顾自己，是我关心的首要事情。

非常不赞同 ○1 ○2 ○3 ○4 ○5 ○6 ○7 非常赞同

(26) 对我来说，尊重集体作出的决定是重要的。

非常不赞同　○1　○2　○3　○4　○5　○6　○7　非常赞同

(27) 我个人的独特个性，对我来说很重要。

非常不赞同　○1　○2　○3　○4　○5　○6　○7　非常赞同

(28) 与团体成员保持和谐，对我来说是重要的。

非常不赞同　○1　○2　○3　○4　○5　○6　○7　非常赞同

(29) 我在家里和在学校（或单位）里的行为处事方式都一样。

非常不赞同　○1　○2　○3　○4　○5　○6　○7　非常赞同

(30) 大家要做什么我通常会附和，即使当我想做别的事时也一样。

非常不赞同　○1　○2　○3　○4　○5　○6　○7　非常赞同

请认真阅读以下广告，并按要求作答。

2. 您认为这则广告是在宣传品牌的“领导者”地位吗？（“1”代表“一定不是”，“4”代表“中立”，“7”代表“一定是”）[单选题]*

一定不是　○1　○2　○3　○4　○5　○6　○7　一定是

请如实回答你对上一题广告中出现的产品/品牌的态度和看法，并选择最符合你观点的选项。

3. 我认为广告中出现的产品：（“1”代表“非常不好”，“4”代表“中立”，“7”代表“非常好”）[单选题]*

非常不好 ○1 ○2 ○3 ○4 ○5 ○6 ○7 非常好

4. 我认为广告中出现的产品对我来说：（“1”代表“非常没有吸引力”，“4”代表“中立”，“7”代表“非常有吸引力”）[单选题]*

非常没有吸引力 ○1 ○2 ○3 ○4 ○5 ○6 ○7 非常有吸引力

5. 我认为广告中出现的产品：（“1”代表“质量非常差”，“4”代表“中立”，“7”代表“质量非常好”）[单选题]*

质量非常差 ○1 ○2 ○3 ○4 ○5 ○6 ○7 质量非常好

6. 我对广告中出现的产品：（“1”代表“非常不喜欢”，“4”代表“中立”，“7”代表“非常喜欢”）[单选题]*

非常不喜欢 ○1 ○2 ○3 ○4 ○5 ○6 ○7 非常喜欢

7. 在预算许可的条件下，我会购买广告中的产品：（“1”代表“根本不会”，“4”代表“中立”，“7”代表“一定会”）[单选题]*

根本不会 ○1 ○2 ○3 ○4 ○5 ○6 ○7 一定会

8. 在预算许可的条件下，我愿意购买广告中的产品：（“1”代表“非常不愿意”，“4”代表“中立”，“7”代表“非常愿意”）[单选题]*

非常不愿意 ○1 ○2 ○3 ○4 ○5 ○6 ○7 非常愿意

9. 在预算许可的条件下，我购买广告中的产品的可能性更接近于：（“1”代表“完全不可能”，“4”代表“中立”，“7”代表“非常可能”）[单选题]*

完全不可能 ○1 ○2 ○3 ○4 ○5 ○6 ○7 非常可能

10. 您认为本问卷的研究目的是什么？[单选题]*

○不知道 ○其他____________________

11. 您的性别是：[单选题]*

○男 ○女

12. 您的年龄段是：[单选题]*

○17 岁及以下 ○18～24 岁 ○25～29 岁 ○30～34 岁 ○35～39 岁

○40～44 岁 ○45～49 岁 ○50～54 岁 ○55～59 岁 ○60 岁及以上

附录E 实验4问卷示例

您好！感谢您参与我们的问卷调查！我们承诺本问卷调查结果仅供学术研究使用，没有任何商业用途，您提供的所有个人信息和答案都将被严格保密。答案没有对错之分，请根据您自身的经历和判断如实作答。问卷填写大概需要15分钟的时间，请您认真完整地填写问卷，谢谢！

1. 下列题项涉及人们在各种情境下的各种情感和行为。请认真阅读这些题项，并按你赞同或不赞同的程度，选择相应的选项。[矩阵量表题]*

（1）我乐意在很多方面与众不同。

非常不赞同 ○1 ○2 ○3 ○4 ○5 ○6 ○7 非常赞同

（2）我能与初次见面的人坦率地交谈，即使这个人年龄比我大很多。

非常不赞同 ○1 ○2 ○3 ○4 ○5 ○6 ○7 非常赞同

（3）即使我完全不赞成其他人的意见，我也避免与他们争论。

非常不赞同 ○1 ○2 ○3 ○4 ○5 ○6 ○7 非常赞同

（4）我尊重我结交的那些权威人物。

非常不赞同 ○1 ○2 ○3 ○4 ○5 ○6 ○7 非常赞同

（5）我做自己的事，不管别人怎么看。

非常不赞同 ○1 ○2 ○3 ○4 ○5 ○6 ○7 非常赞同

（6）我尊重那些谦逊的人。

非常不赞同 ○1 ○2 ○3 ○4 ○5 ○6 ○7 非常赞同

（7）我觉得能独立行动对我来说是重要的。

非常不赞同 ○1 ○2 ○3 ○4 ○5 ○6 ○7 非常赞同

（8）我会为了所在集体的利益牺牲自己的个人利益。

非常不赞同 ○1 ○2 ○3 ○4 ○5 ○6 ○7 非常赞同

（9）我宁愿直截了当地说“不”，也不愿被人误解。

非常不赞同 ○1 ○2 ○3 ○4 ○5 ○6 ○7 非常赞同

（10）拥有生动的想象，对我来说是重要的。

非常不赞同 ○1 ○2 ○3 ○4 ○5 ○6 ○7 非常赞同

(11) 我制定教育或职业计划时，应该考虑父母的建议。

非常不赞同 ○1 ○2 ○3 ○4 ○5 ○6 ○7 非常赞同

(12) 我觉得自己的命运和周围那些人的命运息息相关。

非常不赞同 ○1 ○2 ○3 ○4 ○5 ○6 ○7 非常赞同

(13) 对待刚见面的人，我也更喜欢直接坦率。

非常不赞同 ○1 ○2 ○3 ○4 ○5 ○6 ○7 非常赞同

(14) 跟别人合作时，我觉得愉快。

非常不赞同 ○1 ○2 ○3 ○4 ○5 ○6 ○7 非常赞同

(15) 单独受到表扬或奖励，我觉得愉快。

非常不赞同 ○1 ○2 ○3 ○4 ○5 ○6 ○7 非常赞同

(16) 如果我的兄弟或姐妹失败，我觉得自己有责任。

非常不赞同 ○1 ○2 ○3 ○4 ○5 ○6 ○7 非常赞同

(17) 我常常感到，跟别人的关系如何比我所取得的成绩更加重要。

非常不赞同 ○1 ○2 ○3 ○4 ○5 ○6 ○7 非常赞同

(18) 在课堂（或会议）上发言，对我来说不成问题。

非常不赞同 ○1 ○2 ○3 ○4 ○5 ○6 ○7 非常赞同

(19) 在公共汽车上，我会给老师（或上司）让座。

非常不赞同 ○1 ○2 ○3 ○4 ○5 ○6 ○7 非常赞同

(20) 不管和谁在一起，我行为处事的方式都一样。

非常不赞同 ○1 ○2 ○3 ○4 ○5 ○6 ○7 非常赞同

(21) 我周围的人快乐，我就快乐。

非常不赞同 ○1 ○2 ○3 ○4 ○5 ○6 ○7 非常赞同

(22) 我认为健康胜过一切。

非常不赞同 ○1 ○2 ○3 ○4 ○5 ○6 ○7 非常赞同

(23) 如果集体需要，我就会留下，即使我和大家在一起并不快乐。

非常不赞同 ○1 ○2 ○3 ○4 ○5 ○6 ○7 非常赞同

(24) 我设法做对自己最有利的事，不管那样会如何影响到其他人。

非常不赞同 ○1 ○2 ○3 ○4 ○5 ○6 ○7 非常赞同

(25) 能照顾自己，是我关心的首要事情。

非常不赞同 ○1 ○2 ○3 ○4 ○5 ○6 ○7 非常赞同

(26) 对我来说，尊重集体作出的决定是重要的。

非常不赞同 ○1 ○2 ○3 ○4 ○5 ○6 ○7 非常赞同

(27) 我个人的独特个性，对我来说很重要。

非常不赞同　○1　○2　○3　○4　○5　○6　○7　非常赞同

（28）与团体成员保持和谐，对我来说是重要的。

非常不赞同　○1　○2　○3　○4　○5　○6　○7　非常赞同

（29）我在家里和在学校（或单位）里的行为处事方式都一样。

非常不赞同　○1　○2　○3　○4　○5　○6　○7　非常赞同

（30）大家要做什么我通常会附和，即使当我想做别的事时也一样。

非常不赞同　○1　○2　○3　○4　○5　○6　○7　非常赞同

2. 下列题项描述了一些观念和行为。请认真阅读这些题项，并按照这些题项与你真实情况的符合程度，选择相应的选项。[矩阵量表题]*

（1）当我已拥有的产品开始流行时，我就会减少对它的使用。

非常不符合　○1　○2　○3　○4　○5　○6　○7　非常符合

（2）我会回避一般人所购买的我所了解的产品或品牌。

非常不符合　○1　○2　○3　○4　○5　○6　○7　非常符合

（3）一般来说，我不喜欢人人都经常购买的产品或品牌。

非常不符合　○1　○2　○3　○4　○5　○6　○7　非常符合

（4）我不喜欢已被普通消费者接受和购买的产品或品牌。

非常不符合　○1　○2　○3　○4　○5　○6　○7　非常符合

请认真阅读以下广告，并按要求作答。

3. 您认为这则广告是在宣传品牌的“领导者”地位吗？（“1”代表“一定不是”，“4”代表“中立”，“7”代表“一定是”）[单选题]*

一定不是 ○1 ○2 ○3 ○4 ○5 ○6 ○7 一定是

请如实回答你对上一题广告中出现的产品/品牌的态度和看法，并选择最符合你观点的选项。

4. 我认为广告中出现的产品：（“1”代表“非常不好”，“4”代表“中立”，“7”代表“非常好”）[单选题]*

非常不好 ○1 ○2 ○3 ○4 ○5 ○6 ○7 非常好

5. 我认为广告中出现的产品对我来说：（“1”代表“非常没有吸引力”，“4”代表“中立”，“7”代表“非常有吸引力”）[单选题]*

非常没有吸引力 ○1 ○2 ○3 ○4 ○5 ○6 ○7 非常有吸引力

6. 我认为广告中出现的产品：（“1”代表“质量非常差”，“4”代表“中立”，“7”代表“质量非常好”）[单选题]*

质量非常差 ○1 ○2 ○3 ○4 ○5 ○6 ○7 质量非常好

7. 我对广告中出现的产品：（“1”代表“非常不喜欢”，“4”代表“中立”，“7”代表“非常喜欢”）[单选题]*

非常不喜欢 ○1 ○2 ○3 ○4 ○5 ○6 ○7 非常喜欢

8. 在预算许可的条件下，我会购买广告中的产品：（“1”代表“根本不会”，“4”代表“中立”，“7”代表“一定会”）[单选题]*

根本不会 ○1 ○2 ○3 ○4 ○5 ○6 ○7 一定会

9. 在预算许可的条件下，我愿意购买广告中的产品：（“1”代表“非常不愿意”，“4”代表“中立”，“7”代表“非常愿意”）[单选题]*

非常不愿意 ○1 ○2 ○3 ○4 ○5 ○6 ○7 非常愿意

10. 在预算许可的条件下，我购买广告中产品的可能性更接近于：（“1”代表“完全不可能”，“4”代表“中立”，“7”代表“非常可能”）[单选题]*

完全不可能 ○1 ○2 ○3 ○4 ○5 ○6 ○7 非常可能

11. 您认为本问卷的研究目的是什么？[单选题]*

○不知道 ○其他____________________

12. 您的性别是：[单选题]*

○男 ○女

13. 您的年龄段是：[单选题]*

○17 岁及以下 ○18 ~ 24 岁 ○25 ~ 29 岁 ○30 ~ 34 岁 ○35 ~ 39 岁
○40 ~ 44 岁 ○45 ~ 49 岁 ○50 ~ 54 岁 ○55 ~ 59 岁 ○60 岁及以上

附录 F　实验 5 问卷示例

赠礼组

您好！感谢您参与我们的问卷调查！我们承诺本问卷调查结果仅供学术研究使用，没有任何商业用途，您提供的所有个人信息和答案都将被严格保密。答案没有对错之分，请根据您自身的经历和判断如实作答。问卷填写大概需要 5 分钟的时间，请您认真完整地填写问卷，谢谢！

请认真阅读下面的材料，并回答要求问题。

想象你在逛街浏览商品的时候，无意中看到了这样一则广告。

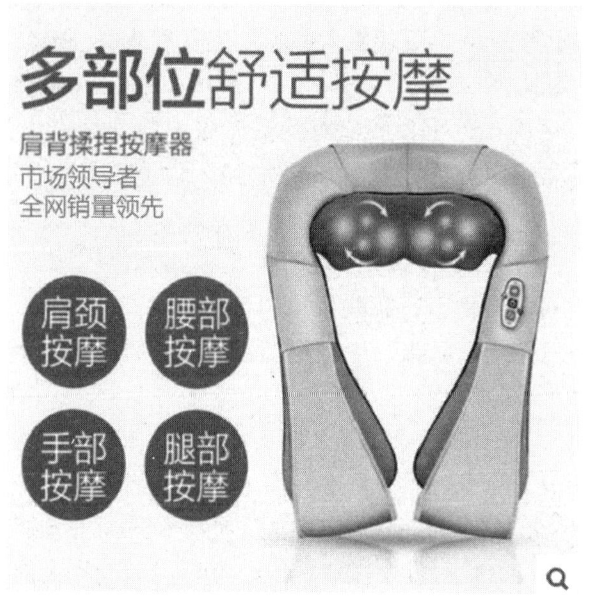

1. 您认为这则广告是在宣传品牌的“领导者”地位吗？（“1”代表“一定不是”，“4”代表“中立”，“7”代表“一定是”）［单选题］*

一定不是　○1　○2　○3　○4　○5　○6　○7　一定是

新年即将来临，你正在计划给你的亲朋好友准备一份礼物，以此表达自己的美好祝福。你认为可以把广告中的按摩器当做礼物，送给亲朋好友。

请如实回答下面的问题。

2. 我认为广告中出现的产品：（“1”代表“非常不好”，“4”代表“中立”，“7”代表“非常好”）[单选题]*

非常不好 ○1 ○2 ○3 ○4 ○5 ○6 ○7 非常好

3. 我认为广告中出现的产品对我来说：（“1”代表“非常没有吸引力”，“4”代表“中立”，“7”代表“非常有吸引力”）[单选题]*

非常没有吸引力 ○1 ○2 ○3 ○4 ○5 ○6 ○7 非常有吸引力

4. 我认为广告中出现的产品：（“1”代表“质量非常差”，“4”代表“中立”，“7”代表“质量非常高”）[单选题]*

质量非常差 ○1 ○2 ○3 ○4 ○5 ○6 ○7 质量非常高

5. 我对广告中出现的产品：（“1”代表“非常不喜欢”，“4”代表“中立”，“7”代表“非常喜欢”）[单选题]*

非常不喜欢 ○1 ○2 ○3 ○4 ○5 ○6 ○7 非常喜欢

6. 在预算许可的条件下，我会购买广告中的产品作为礼物送给亲友：（“1”代表“根本不会”，“4”代表“中立”，“7”代表“一定会”）[单选题]*

根本不会 ○1 ○2 ○3 ○4 ○5 ○6 ○7 一定会

7. 在预算许可的条件下，我愿意购买广告中的产品作为礼物送给亲友：（“1”代表“非常不愿意”，“4”代表“中立”，“7”代表“非常愿意”）[单选题]*

非常不愿意 ○1 ○2 ○3 ○4 ○5 ○6 ○7 非常愿意

8. 在预算许可的条件下，我购买广告中的产品送给亲友的可能性更接近于：（“1”代表“完全不可能”，“4”代表“中立”，“7”代表“非常可能”）[单选题]*

完全不可能 ○1 ○2 ○3 ○4 ○5 ○6 ○7 非常可能

9. 你认为拆开这个礼物的过程会在多大程度上能给你的亲友带来幸福感：（“1”代表“完全不能”，“4”代表“中立”，“7”代表“完全能”）[单选题]*

完全不能 ○1 ○2 ○3 ○4 ○5 ○6 ○7 完全能

10. 您认为本问卷的研究目的是什么？[单选题]*

○不知道 ○其他____________________

11. 您的性别是：[单选题]*

○男 ○女

12. 您的年龄段是：[单选题]*

○17 岁及以下　○18 ~ 24 岁　○25 ~ 29 岁　○30 ~ 34 岁　○35 ~ 39 岁
○40 ~ 44 岁　○45 ~ 49 岁　○50 ~ 54 岁　○55 ~ 59 岁　○60 岁及以上

自用组

您好！感谢您参与我们的问卷调查！我们承诺本问卷调查结果仅供学术研究使用，没有任何商业用途，您提供的所有个人信息和答案都将被严格保密。答案没有对错之分，请根据您自身的经历和判断如实作答。问卷填写大概需要 5 分钟的时间，请您认真完整地填写问卷，谢谢！

请认真阅读下面的材料，并回答问题。

想象你在逛街浏览商品的时候，无意中看到了这样一则广告。

（广告图片与赠礼组完全相同）

1. 您认为这则广告是在宣传品牌的“领导者”地位吗？（“1”代表“一定不是”，“4”代表“中立”，“7”代表“一定是”）[单选题]*

一定不是　○1　○2　○3　○4　○5　○6　○7　一定是

新年即将来临，你在买年货的时候，无意中浏览到了上面的这则广告。

请如实回答下面的问题。

2. 我认为广告中出现的产品：（“1”代表“非常不好”，“4”代表“中立”，“7”代表“非常好”）[单选题]*

非常不好　○1　○2　○3　○4　○5　○6　○7　非常好

3. 我认为广告中出现的产品对我来说：（“1”代表“非常没有吸引力”，“4”代表“中立”，“7”代表“非常有吸引力”）[单选题]*

非常没有吸引力　○1　○2　○3　○4　○5　○6　○7　非常有吸引力

4. 我认为广告中出现的产品：（“1”代表“质量非常差”，“4”代表“中立”，“7”代表“质量非常好”）[单选题]*

质量非常差　○1　○2　○3　○4　○5　○6　○7　质量非常好

5. 我对广告中出现的产品：（“1”代表“非常不喜欢”，“4”代表“中立”，“7”代表“非常喜欢”）[单选题]*

非常不喜欢　○1　○2　○3　○4　○5　○6　○7　非常喜欢

6. 在预算许可的条件下，我会购买广告中的产品：（“1”代表“根本不会”，“4”代表“中立”，“7”代表“一定会”）[单选题]*

根本不会 ○1 ○2 ○3 ○4 ○5 ○6 ○7 一定会

7. 在预算许可的条件下，我愿意购买广告中的产品：（“1”代表“非常不愿意”，“4”代表“中立”，“7”代表“非常愿意”）[单选题]*

非常不愿意 ○1 ○2 ○3 ○4 ○5 ○6 ○7 非常愿意

8. 在预算许可的条件下，我购买广告中产品的可能性更接近于：（“1”代表“完全不可能”，“4”代表“中立”，“7”代表“非常可能”）[单选题]*

完全不可能 ○1 ○2 ○3 ○4 ○5 ○6 ○7 非常可能

9. 你认为拆开这个礼物的过程会在多大程度上能给人带来幸福感：（“1”代表“完全不能”，“4”代表“中立”，“7”代表“完全能”）[单选题]*

完全不能 ○1 ○2 ○3 ○4 ○5 ○6 ○7 完全能

10. 您认为本问卷的研究目的是什么？[单选题]*

○不知道 ○其他__________________

11. 您的性别是：[单选题]*

○男 ○女

12. 您的年龄段是：[单选题]*

○17 岁及以下 ○18～24 岁 ○25～29 岁 ○30～34 岁 ○35～39 岁
○40～44 岁 ○45～49 岁 ○50～54 岁 ○55～59 岁 ○60 岁及以上

附录 G　实验 6 问卷示例

赠礼者、传播领导者定位组

您好！感谢您参与我们的问卷调查！我们承诺本问卷调查结果仅供学术研究使用，没有任何商业用途，您提供的所有个人信息和答案都将被严格保密。答案没有对错之分，请根据您自身的经历和判断如实作答。问卷填写大概需要 5 分钟的时间，请您认真完整地填写问卷，谢谢！

请认真阅读下面的材料，并回答要求问题。

新年即将来临，你计划给你的亲朋好友准备一份礼物，以此表达自己的美好祝福。

在挑选礼物的时候，你看到了以下这则广告。

请认真阅读广告，并按要求回答问题。

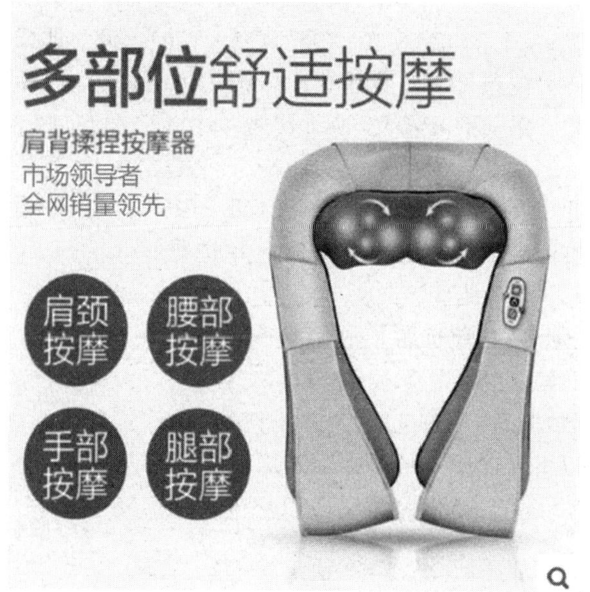

1. 您认为这则广告是在宣传品牌的"领导者"地位吗?("1"代表"一定不是","4"代表"中立","7"代表"一定是")[单选题]*

一定不是 ○1 ○2 ○3 ○4 ○5 ○6 ○7 一定是

2. 我认为广告中出现的产品:("1"代表"非常不好","4"代表"中立","7"代表"非常好")[单选题]*

非常不好 ○1 ○2 ○3 ○4 ○5 ○6 ○7 非常好

3. 我认为广告中出现的产品对我来说:("1"代表"非常没有吸引力","4"代表"中立","7"代表"非常有吸引力")[单选题]*

非常没有吸引力 ○1 ○2 ○3 ○4 ○5 ○6 ○7 非常有吸引力

4. 我认为广告中出现的产品:("1"代表"质量非常差","4"代表"中立","7"代表"质量非常好")[单选题]*

质量非常差 ○1 ○2 ○3 ○4 ○5 ○6 ○7 质量非常好

5. 我对广告中出现的产品:("1"代表"非常不喜欢","4"代表"中立","7"代表"非常喜欢")[单选题]*

非常不喜欢 ○1 ○2 ○3 ○4 ○5 ○6 ○7 非常喜欢

6. 在预算许可的条件下,我会购买广告中的产品作为礼物送给亲友:("1"代表"根本不会","4"代表"中立","7"代表"一定会")[单选题]*

根本不会 ○1 ○2 ○3 ○4 ○5 ○6 ○7 一定会

7. 在预算许可的条件下,我愿意购买广告中的产品作为礼物送给亲友:("1"代表"非常不愿意","4"代表"中立","7"代表"非常愿意")[单选题]*

非常不愿意 ○1 ○2 ○3 ○4 ○5 ○6 ○7 非常愿意

8. 在预算许可的条件下,我购买广告中的产品送给亲友的可能性更接近于:("1"代表"完全不可能","4"代表"中立","7"代表"非常可能")[单选题]*

完全不可能 ○1 ○2 ○3 ○4 ○5 ○6 ○7 非常可能

9. 您认为本问卷的研究目的是什么?[单选题]*

○不知道 ○其他__________________

10. 您的性别是:[单选题]*

○男 ○女

11. 您的年龄段是:[单选题]*

○17岁及以下 ○18~24岁 ○25~29岁 ○30~34岁 ○35~39岁 ○40~44岁 ○45~49岁 ○50~54岁 ○55~59岁 ○60岁及以上

收礼者、未传播领导者定位组

您好！感谢您参与我们的问卷调查！我们承诺本问卷调查结果仅供学术研究使用，没有任何商业用途，您提供的所有个人信息和答案都将被严格保密。答案没有对错之分，请根据您自身的经历和判断如实作答。问卷填写大概需要 5 分钟的时间，请您认真完整地填写问卷，谢谢！

请认真阅读下面的材料，并回答问题。

新年即将来临，你收到了来自亲朋好友的一份礼物，也收到了礼物所传达的美好祝福。你拆开包装，看到了盒子里附带的产品广告页（见下图）。

请认真阅读广告，并按要求回答问题。

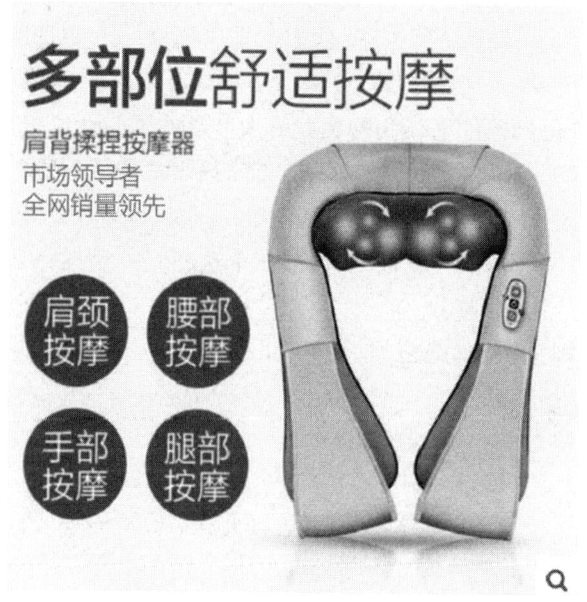

1. 您认为这则广告是在宣传品牌的“领导者”地位吗？（“1”代表“一定不是”，“4”代表“中立”，“7”代表“一定是”）[单选题]*

一定不是　○1　○2　○3　○4　○5　○6　○7　一定是

2. 我认为广告中出现的产品：（“1”代表“非常不好”，“4”代表“中立”，“7”代表“非常好”）[单选题]*

非常不好　○1　○2　○3　○4　○5　○6　○7　非常好

3. 我认为广告中出现的产品对我来说：（“1”代表“非常没有吸引力”，

“4”代表“中立”,“7”代表“非常有吸引力”)［单选题］*

非常没有吸引力 ○1 ○2 ○3 ○4 ○5 ○6 ○7 非常有吸引力

4. 我认为广告中出现的产品:(“1”代表“质量非常差”,“4”代表“中立”,“7”代表“质量非常好”)［单选题］*

质量非常差 ○1 ○2 ○3 ○4 ○5 ○6 ○7 质量非常好

5. 我对广告中出现的产品:(“1”代表“非常不喜欢”,“4”代表“中立”,“7”代表“非常喜欢”)［单选题］*

非常不喜欢 ○1 ○2 ○3 ○4 ○5 ○6 ○7 非常喜欢

6. 在预算许可的条件下,我会购买广告中的产品:(“1”代表“根本不会”,“4”代表“中立”,“7”代表“一定会”)［单选题］*

根本不会 ○1 ○2 ○3 ○4 ○5 ○6 ○7 一定会

7. 在预算许可的条件下,我愿意购买广告中的产品:(“1”代表“非常不愿意”,“4”代表“中立”,“7”代表“非常愿意”)［单选题］*

非常不愿意 ○1 ○2 ○3 ○4 ○5 ○6 ○7 非常愿意

8. 在预算许可的条件下,我购买广告中产品的可能性更接近于:(“1”代表“完全不可能”,“4”代表“中立”,“7”代表“非常可能”)［单选题］*

完全不可能 ○1 ○2 ○3 ○4 ○5 ○6 ○7 非常可能

9. 您认为本问卷的研究目的是什么?［单选题］*

○不知道 ○其他____________________

10. 您的性别是:［单选题］*

○男 ○女

11. 您的年龄段是:［单选题］*

○17 岁及以下 ○18~24 岁 ○25~29 岁 ○30~34 岁 ○35~39 岁
○40~44 岁 ○45~49 岁 ○50~54 岁 ○55~59 岁 ○60 岁及以上

附录 H　实验 7 问卷示例

赠礼者、传播领导者定位组

您好！感谢您参与我们的问卷调查！我们承诺本问卷调查结果仅供学术研究使用，没有任何商业用途，您提供的所有个人信息和答案都将被严格保密。答案没有对错之分，请根据您自身的经历和判断如实作答。问卷填写大概需要 5 分钟的时间，请您认真完整地填写问卷，谢谢！

请认真阅读下面的材料，并回答要求问题。

新年即将来临，你计划给你的亲朋好友准备一份礼物，以此表达自己的美好祝福。

在挑选礼物的时候，你看到了以下这则广告。

请认真阅读广告，并按要求回答问题。

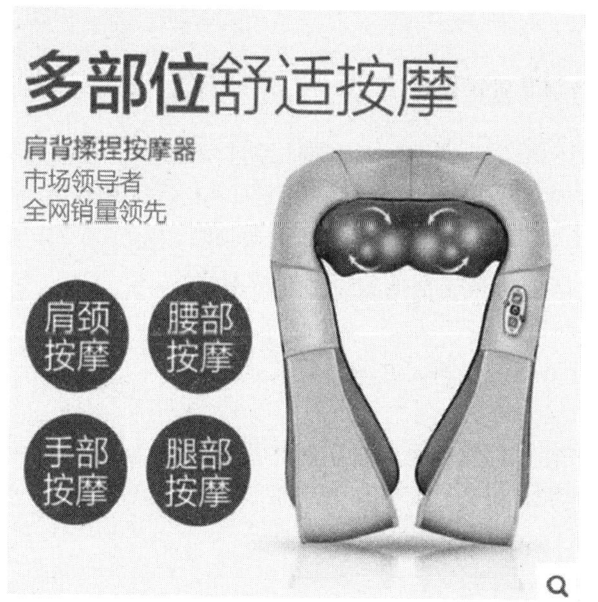

1. 您认为这则广告是在宣传品牌的“领导者”地位吗?(“1”代表“一定不是”,“4”代表“中立”,“7”代表“一定是”)[单选题]*

一定不是 ○1 ○2 ○3 ○4 ○5 ○6 ○7 一定是

2. 我对这个礼物:(“1”代表“非常不满意”,“4”代表“中立”,“7”代表“非常满意”)[单选题]*

非常不满意 ○1 ○2 ○3 ○4 ○5 ○6 ○7 非常满意

3. 你认为拆开这个礼物的过程会在多大程度上能给你的亲友带来幸福感:(“1”代表“完全不能”,“4”代表“中立”,“7”代表“完全能”)[单选题]*

完全不能 ○1 ○2 ○3 ○4 ○5 ○6 ○7 完全能

4. 您认为本问卷的研究目的是什么?[单选题]*

○不知道 ○其他____________________

5. 您的性别是:[单选题]*

○男 ○女

6. 您的年龄段是:[单选题]*

○17 岁及以下 ○18 ~ 24 岁 ○25 ~ 29 岁 ○30 ~ 34 岁 ○35 ~ 39 岁
○40 ~ 44 岁 ○45 ~ 49 岁 ○50 ~ 54 岁 ○55 ~ 59 岁 ○60 岁及以上

收礼者、未传播领导者定位组

您好!感谢您参与我们的问卷调查!我们承诺本问卷调查结果仅供学术研究使用,没有任何商业用途,您提供的所有个人信息和答案都将被严格保密。答案没有对错之分,请根据您自身的经历和判断如实作答。问卷填写大概需要 5 分钟的时间,请您认真完整地填写问卷,谢谢!

请认真阅读下面的材料,并回答问题。

新年即将来临,你收到了来自亲朋好友的一份礼物,也收到了礼物所传达的美好祝福。你拆开包装,看到了盒子里附带的产品广告页(见下图)。

请认真阅读广告,并按要求回答问题。

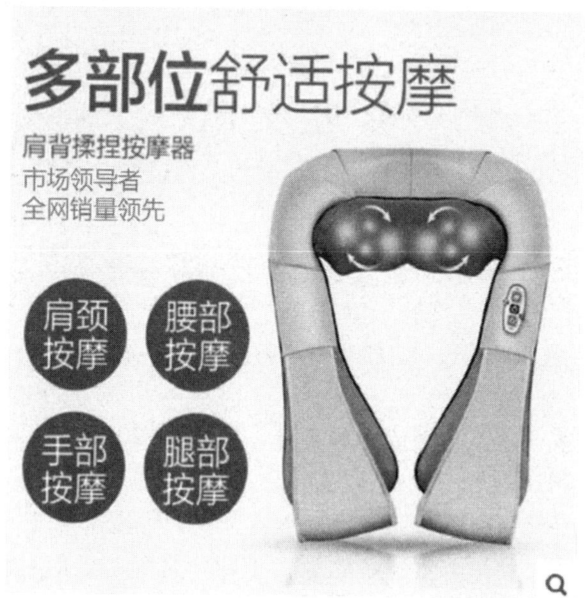

1. 您认为这则广告是在宣传品牌的“领导者”地位吗？（“1”代表“一定不是”，“4”代表“中立”，“7”代表“一定是”）[单选题]*

一定不是　○1　○2　○3　○4　○5　○6　○7　一定是

2. 我对这个产品：（“1”代表“非常不满意”，“4”代表“中立”，“7”代表“非常满意”）[单选题]*

非常不满意　○1　○2　○3　○4　○5　○6　○7　非常满意

3. 拆开这个礼物的过程会在多大程度上能给你带来幸福感：（“1”代表“完全不能”，“4”代表“中立”，“7”代表“完全能”）[单选题]*

完全不能　○1　○2　○3　○4　○5　○6　○7　完全能

4. 您认为本问卷的研究目的是什么？[单选题]*

○不知道　○其他________________

5. 您的性别是：[单选题]*

○男　○女

6. 您的年龄段是：[单选题]*

○17岁及以下　○18～24岁　○25～29岁　○30～34岁　○35～39岁
○40～44岁　○45～49岁　○50～54岁　○55～59岁　○60岁及以上

参考文献

[1] [美] 阿尔·里斯、杰克·特劳特:《22 条商规》,上海人民出版社 2003 年版。

[2] [美] 艾·里斯、杰克·特劳特:《广告攻心战略——品牌定位》,中国友谊出版公司 1991 年版。

[3] [美] 艾·里斯、杰克·特劳特:《定位(20 周年中文版)》,中国财政经济出版社 2002 年版。

[4] 曹雯斐:《高档化妆品平面广告定位点的沟通模式——基于〈VOGUE 服饰与美容(中国版)〉杂志化妆品广告的研究》,载于《中国零售研究》2010 年第 1 期。

[5] 陈瑞、郑毓煌、刘文静:《中介效应分析:原理、程序、Bootstrap 方法及其应用》,载于《营销科学学报》2013 年第 4 期。

[6] 段梦、周颖、吕巍等:《自我概念受威胁对体验消费与实物消费的影响》,载于《上海管理科学》2018 年第 5 期。

[7] 范晓屏、韩洪叶、孙佳琦:《网站生动性和互动性对消费者产品态度的影响——认知需求的调节效应研究》,载于《管理工程学报》2013 年第 3 期。

[8] 冯建英、穆维松、傅泽田:《消费者的购买意愿研究综述》,载于《现代管理科学》2006 年第 11 期。

[9] 郭国庆、杨学成、张杨:《口碑传播对消费者态度的影响:一个理论模型》,载于《管理评论》2007 年第 3 期。

[10] 韩睿、田志龙:《促销类型对消费者感知及行为意向影响的研究》,载于《管理科学》2005 年第 2 期。

[11] 郝鸿、刘尊礼、孟宪忠等:《基于自我构念的高卷入度产品在线购买意愿研究》,载于《系统管理学报》2017 年第 4 期。

[12] 郝媛媛:《在线评论对消费者感知与购买行为影响的实证研究》,哈尔滨工业大学博士学位论文,2010 年。

[13] 洪瑞阳、吴水龙、袁永娜、蒋廉雄:《社会身份信息一致性对消费者购买意向的影响研究——基于社交网络品牌支持者的口碑情境》,载于《营

销科学学报》2017 年第 4 期。

[14] 黄静、郭昱琅、熊小明、王伊礼:《在线图片呈现顺序对消费者购买意愿的影响研究——基于信息处理模式视角》,载于《营销科学学报》2016 年第 1 期。

[15] [美] 杰克·特劳特、斯蒂夫·瑞维金:《新定位》,中国财政经济出版社 2002 年版。

[16] 金立印:《网络口碑信息对消费者购买决策的影响:一个实验研究》,载于《经济管理》2007 年第 22 期。

[17] [美] 科特勒、凯勒:《营销管理》(第十二版),上海人民出版社 2006 年版。

[18] [美] 里夫斯:《实效的广告》,内蒙古人民出版社 1999 年版。

[19] 李东、邢振超:《四种营销传播理论的比较——从 USP 论、品牌形象论、定位理论到 MC 理论》,载于《学术交流》2006 年第 11 期。

[20] 李东进、刘建新、张亚佩等:《广告信息框架对消费者虚位产品购买意愿的影响——基于感知稀缺性的中介作用》,载于《营销科学学报》2015 年第 4 期。

[21] 李飞:《三步定位法——从产品定位走向营销定位》,载于《成功营销》2003 年第 9 期。

[22] 李飞、刘茜:《市场定位战略的综合模型研究》,载于《南开管理评论》2004 年第 5 期。

[23] 李飞、刘明葳、吴俊杰:《沃尔玛和家乐福在华市场定位的比较研究》,载于《南开管理评论》2005 年第 3 期。

[24] 李飞:《钻石图定位法》,经济科学出版社 2006 年版。

[25] 李飞:《品牌定位点的选择模型研究》,载于《商业经济与管理》2009 年第 11 期。

[26] 李飞、胡凯、米卜:《营销定位理论的三个核心问题的研究进展》,载于《营销科学学报》2011 年第 1 期。

[27] 李飞:《营销定位》,经济科学出版社 2013 年版。

[28] 李飞、马燕:《服务型品牌低价定位点的形成机理——基于美国西南航空和沃尔玛的案例研究》,载于《技术经济》2016 年第 9 期。

[29] 李飞、李达军、马燕:《服务型品牌好服务定位点的形成机理——海底捞和胖东来的双案例研究》,载于《管理案例研究与评论》2017 年第 6 期。

[30] 李飞、李达军、路倩:《避免新产品由“先驱”变“先烈”——适度营销理论的引出》,载于《清华管理评论》2017 年第 6 期。

[31] 李志飞：《异地性对冲动性购买行为影响的实证研究》，载于《南开管理评论》2007 年第 6 期。

[32] 刘红艳：《网络口碑效应因人而异？——个体独特性需求在网络口碑影响消费决策中的作用》，载于《商业研究》2014 年第 2 期。

[33] 孟陆、杨强、杜建刚、董泽瑞：《创新产品类别与呈现顺序相匹配对消费者购买意愿的影响》，载于《营销科学学报》2017 年第 4 期。

[34] 钱杭园、杨小微：《杰克·特劳特：广告定位理论的最早提出者》，载于《新闻爱好者：理论版》2008 年第 12 期。

[35] 乔春洋：《品牌定位》，中山大学出版社 2005 年版。

[36] 单艳红、陈庆荣：《工作记忆容量、产品卷入度、广告复杂度对消费者态度改变的影响》，载于《南京师大学报（社会科学版）》2018 年第 5 期。

[37] 施卓敏、李璐璐、吴路芳：《“爱礼品”还是“要包邮”：哪种促销方式更吸引你？——影响网上促销框架和网络购买意愿关系的调节变量研究》，载于《营销科学学报》2013 年第 1 期。

[38] 苏晶蕾、银成钺、郭帅：《网上产品展示中感觉线索对消费者购买意愿的影响：基于心象理论的视角》，载于《营销科学学报》2016 年第 2 期。

[39] 孙明贵：《怀旧消费、购买意愿与品牌依恋研究综述》，载于《经济与管理评论》2015 年第 5 期。

[40] 唐桂梅：《集体主义文化背景下大学生自我构念特点研究》，西南大学硕士学位论文，2010 年。

[41] 汤婷：《赠礼情境下仪式感知对礼品评价的影响研究》，湖南大学硕士学位论文，2017 年。

[42] 童璐琼、郑毓煌、赵平：《努力程度对消费者购买意愿的影响》，载于《心理学报》2011 年第 10 期。

[43] 王海忠、范孝雯、欧阳建颖：《消费者自我构念、独特性需求与品牌标识形状偏好》，载于《心理学报》2017 年第 8 期。

[44] 王海忠、江红艳、江莹、张实：《品牌承诺和自我构建影响消费者对产品上海危机的反映——归因理论视角》，载于《营销科学学报》2010 年第 1 期。

[45] 王艳芝、姚唐、卢宏亮：《结伴购物情境下消费者冲动购买行为发生机理》，载于《心理科学进展》2018 年第 11 期。

[46] 汪旭晖：《零售店铺环境对消费者惠顾行为的作用机理研究》，载于《北京工商大学学报（社会科学版）》2008 年第 1 期。

[47] 吴水龙、何雯雯、洪瑞阳、蒋廉雄:《社会型拟人化信息对消费者购买意向的影响机制研究》，载于《管理工程学报》2018 年第 4 期。

[48] 吴水龙、卢泰宏、胡左浩:《公司品牌对产品评价影响的实证研究——基于顾客认同的调节效应》，载于《营销科学学报》2010 年第 10 期。

[49] 吴水龙、卢泰宏:《公司品牌与产品品牌对购买意向影响的实证研究》，载于《管理学报》2009 年第 1 期。

[50] 武瑞娟、王承璐:《网店实用性与网店享乐性对消费者网店态度影响效应研究》，载于《管理工程学报》2019 年第 1 期。

[51] 辛欣:《促销方式对消费者感知促销利益和购买意愿的影响研究》，吉林大学博士学位论文，2018 年。

[52] 姚卿、陈荣、赵平:《自我构念对想象广告策略的影响与分析》，载于《心理学报》2011 年第 6 期。

[53] 叶生洪、吴国彬:《赠礼情境下礼品品牌形象对购买意愿的影响研究》，载于《消费经济》2016 年第 4 期。

[54] 余明阳、杨芳平:《品牌定位》，武汉大学出版社 2008 年版。

[55] 张红霞、丁瑛，Angela，et al.:《依赖 VS 独立? 中国消费者自我构念的地域和年龄差异及其对广告诉求偏好的影响》，载于《营销科学学报》2013 年第 1 期。

[56] 张会锋:《里斯和特劳特定位理论反思——一个基于认知的实证研究》，载于《管理世界》2013 年第 7 期。

[57] 张喆、张知为:《赠礼情境下自我构念对品牌显著度偏好的影响》，载于《复旦学报（自然科学版)》2013 年第 2 期。

[58] 赵建彬:《金钱概念对消费者独特性需求的影响研究》，载于《心理科学》2014 年第 6 期。

[59] 赵太阳:《自我威胁情境下控制感对消费者商品选择偏好和消费倾向的影响研究》，吉林大学博士学位论文，2018 年。

[60] 周南、黄敏学、王殿文:《显著的植入式广告能带来更好的品牌态度吗》，载于《南开管理评论》2014 年第 2 期。

[61] 庄贵军、周南、李福安:《情境因素对于顾客购买决策的影响（一个初步的研究)》，载于《数理统计与管理》2004 年第 4 期。

[62] Aaker, D. A., Shansby, J. G.. "Positioning your product". Business Horizons, 1982, 25 (3): 56-62.

[63] Aaker, J. L., Lee, A. Y.. "'I' seek pleasures and 'we' avoid pains: the role of self-regulatory goals in information processing and persuasion".

Journal of Consumer Research, 2001, 28: 33 –49.

[64] Aaker, J. L. , Maheswaran, D. . "The Effect of Cultural Orientation on Persuasion". *Journal of Consumer Research*, 1997, 24 (3): 315 –328.

[65] Ajzen, I. , Driver, B. L. . "Contingent value measurement: On the nature and meaning of willingness to pay". *Journal of Consumer Psychology*, 1992, 1 (4): 297 –316.

[66] Alpert, F. H. , Kamins, M. A. . "Pioneer brand advantage and consumer behavior: A conceptual framework and propositional inventory". *Journal of the Academy of Marketing Science*, 1994, 22 (3): 244 –253.

[67] Alpert, F. H. , Kamins, M. A. . "An Empirical Investigation of Consumer Memory, Attitude, and Perceptions toward Pioneer and Follower Brands". *Journal of Marketing*, 1995, 59 (4): 34 –45.

[68] Amaldoss, W. , Jain, S. . "Pricing of conspicuous goods: A competitive analysis of social effects". *Journal of Marketing*, 2005, 42 (1): 30 –42.

[69] Ariely, D. , Levav, J. . "Sequential choice in group settings: Taking the road less traveled and less enjoyed" . *Journal of Consumer Research*, 2000, 27 (3): 279 –290.

[70] Arnott, D. C. . "Bases of Financial Services Positioning in the Personal Pension, Life Assurance and Personal Equity Plan Sectors" . Ph. D. Thesis, *Manchester Business School*, *University of Manchester*, UK, 1992.

[71] Arnott, D. C. . "Positioning: On Defining the Concept" . *Marketing Educators' Group (MEG) Conference Proceedings*, University of Ulster, Coleraine, NI, 1994 (July): 4 –6.

[72] Arnould, E. , Thompson, C. . "Consumer Culture Theory (CCT): Twenty Years of Research" . *Journal of Consumer Research*, 2005, 31 (4): 868 –882.

[73] Arnold, F. S. J. . "More Than a Labor of Love: Gender Roles and Christmas Gift Shopping" . *Journal of Consumer Research*, 1990, 17 (3): 333 –345.

[74] Arsel, Z. , Bean, J. . "Taste Regimes and Market-Mediated Practice". *Journal of Consumer Research*, 2013, 39 (5): 899 –917.

[75] Auty, S. , Lewis, C. . "Exploring children's choice: The reminder effect of product placement" . *Psychology & Marketing*, 2010, 21 (9): 697 –713.

[76] Bagozzi, R. P. . "The self-regulation of attitudes, intentions, and behavior" . *Social Psychology Quarterly*, 1992, 55 (2): 178 –204.

[77] Bambauer-Sachse, S., Mangold, S.. "Brand equity dilution through negative online word-of-mouth communication". *Journal of Retailing & Consumer Services*, 2011, 18 (1): 38-45.

[78] Baron, R. A., D. Byrnt, J. Suls. *Exploring Social Psychology* (*3rd ed*), Boston: Allyn & Bacon. 1989.

[79] Bass, F. M., Wind, J.. "Introduction to the Special Issue: Empirical Generalizations in Marketing". *Marketing Science*, 1995, 14 (3_supplement): 1-1.

[80] Belaid, S., Temessek, Behi, A.. "The role of attachment in building consumer-brand relationships: an empirical investigation in the utilitarian consumption context". *Journal of Product & Brand Management*, 2011, 20 (1): 37-47.

[81] Belk, R. W.. "It's the Thought that Counts: A Signed Digraph Analysis of Gift-Giving". *Journal of Consumer Research*, 1976, 3 (3): 155-162.

[82] Belk, R. W.. "Gift Giving Behavior". *Research in Marketing*, 1979 (2): 95-126.

[83] Belk, R, W.. "Possessions and the Extended Self". *Journal of Consumer Research*, 1988, 15 (2): 139-168.

[84] Belk, R. W., Coon, G. S.. "Gift Giving as Agapic Love: An Alternative to the Exchange Paradigm Based on Dating Experiences". *Journal of Consumer Research*, 1993, 20 (3): 393-417.

[85] Berens, G., Riel, C. B. M. V., Bruggen, G. H. V.. "Corporate Associations and Consumer Product Responses: The Moderating Role of Corporate Brand Dominance". *Journal of Marketing*, 2005, 69 (3): 35-48.

[86] Blankson, C., Kalafatis, S. P.. "The Development and Validation of a Scale Measuring Consumer/Customer-Derived Generic Typology of Positioning Strategies". *Journal of Marketing Management*, 2004, 20 (1-2): 5-43.

[87] Brewer, M. B., Gardner, W.. "Who is this 'We'? Levels of collective identity and self representations". *Journal of Personality & Social Psychology*, 1996, 71 (1): 83-93.

[88] Caplow, T.. "Christmas Gifts and Kin Networks". *American Sociological Review*, 1982, 47 (3): 383-392.

[89] Carpenter, G. S., Nakamoto, K.. "Consumer Preference Formation and Pioneering Advantage". *Journal of Marketing Research*, 1989, 26 (3): 285-298.

[90] Carrier, J.. "Gifts in a world of commodities: The Ideology of the Perfect Gift in American Society". *Social Analysis: The International Journal of Social and*

Cultural Practice, 1990 (29): 19 -37.

[91] Carroll, G. R., An, Swaminathan. "Why the Microbrewery Movement? Organizational Dynamics of Resource Partitioning in the U. S. Brewing Industry". *American Journal of Sociology*, 2000, 106 (3): 715 -762.

[92] Chatterjee, A., Hambrick, D. C.. "It's all about me: Narcissistic chief executive officers and their effects on company strategy and performance". *Administrative Science Quarterly*, 2007, 52 (3): 351 -386.

[93] Cheal, D. J.. "The Social dimensions of gift behavior". *Journal of Social and Personal Relationships*, 1986, 3 (4): 423 -439.

[94] Cheema, A., Kaikati, A. M.. "The effect of need for uniqueness on word of mouth". *Journal of Marketing Research*, 2010, 47 (3): 553 -563.

[95] Cheng, L. W., Bristol, T., Mowen, J. C., et al.. "Alternative Modes of Self-Construal: Dimensions of Connectedness-Separateness and Advertising Appeals to the Cultural and Gender-Specific Self". *Journal of Consumer Psychology*, 2000, 9 (2): 107 -115.

[96] Clarke, P., Mcauley, A.. "Parental evaluation of popular brand names given as Christmas gifts and sources of information used in these decisions". *Journal of Consumer Marketing*, 2010, 27 (6): 534 -542.

[97] Crawford, C. M.. "A New Positioning Typology". *Journal of Product Innovation Management*, 2010, 2 (4): 243 -253.

[98] Choi, I., Koo, M., Choi, J. A.. "Individual Differences in Analytic Versus Holistic Thinking". Personality and Social Psychology Bulletin, 2007, 33 (5): 691 -705.

[99] Christopher, A. S. and Z. M. Alley. "Advertising Effectiveness and Attitude Change Vary as a Function of Working Memory Capacity". *Applied Cognitive Psychology*, 2016 (30): 1093 -1099.

[100] Clark, M. S., Mils, J.. "The Difference between Communal and Exchange Relationships: What it is and is Not". *Personality and Social Psychology Bulletin*, 1993, 19 (6): 684 -691.

[101] Coyle, J. R., Thorson, E.. "The Effects of Progressive Levels of Interactivity and Vividness in Web Marketing Sites". *Journal of Advertising*, 2001, 30 (3): 65 -77.

[102] Coyne, I. T.. "Sampling in Qualitative Research. Purposeful and theoretical sampling; merging or clear boundaries?". *Journal of Advanced Nursing*,

1997, 26 (3): 623 -630.

[103] Cui, G., Lui, H. K., Guo, X. N.. "The Effect of Online Consumer Reviews on New Product Sales". *International Journal of Electronic Commerce*, 2012, 17 (1): 39 -58.

[104] David, J. Burns, John Brady. "A Cross-Cultural Comparison of the Need for Uniqueness in Malaysia and the United States". *Političke Analize Tromjesečnik Za Analizu Hrvatske I Međunarodne Politike*, 2015, 132 (4): 487 -495.

[105] Dibb, S., Simkin, L., Pride, W. M. and Ferrell, O. C.. *Marketing: Concepts and Strategies (3rd edition)*, Boston, Houghton Mifflin, 1997.

[106] Dodds, W., Monroe, K.. "The Effect of Brand and Price Information on Subjective Product Evaluations". *Advances in Consumer Research*, 1985, 12 (3): 85 -90.

[107] Dodds, W. B., Monroe, K. B., Grewal, D.. "Effects of Price, Brand, and Store Information on Buyers' Product Evaluations". *Journal of Marketing Research*, 1991, 28 (3): 307 -319.

[108] Dovel, G. P.. "Stake it Out; Positioning Success, Step by Step". *Business Marketing*, 1990 (July): 43 -51.

[109] Doyle, J. P., Filo, K., Mcdonald, H., et al.. "Exploring sport brand double jeopardy: The link between team market share and attitudinal loyalty". *Sport Management Review*, 2013, 16 (3): 285 -297.

[110] Eagly, A. H., Chaiken, S.. *The Psychology of Attitudes.* Harcourt Brace Jovanovich College Publishers, 1993.

[111] Easingwood, C. J., Mahajan, V.. "Positioning of Financial Services for Competitive Advantage". *Journal of Product Innovation Management*, 2010, 6 (3): 207 -219.

[112] East, R., Hammond, K., Wright, M.. "The relative incidence of positive and negative word of mouth: A multi-category study". *International Journal of Research in Marketing*, 2007, 24 (2): 0 -184.

[113] Edell, J. A., Staelin, R.. "The Information Processing of Pictures in Print Advertisements". *Journal of Consumer Research*, 1983, 10 (1): 45 -61.

[114] Fajardo, T. M., Zhang, J., Tsiros, M.. "The Contingent Nature of the Symbolic Associations of Visual Design Elements: The Case of Brand Logo Frames". *Journal of Consumer Research*, 2016, 43 (4): 549 -566.

[115] Fill, C.. *Marketing Communications, Context, Contents and Strate-*

gies. (*2nd ed.*) . Hemel Hempstead, UK: Prentice-Hall, 1999.

[116] Fishbein, I. Ajzen. "Taking and Information Handling in Consumer Behavior", Boston: *Graduate School of Business Administration*, *Harvard University*, 1975: 176 - 210.

[117] Folkes, V., Matta, S.. "The Effect of Package Shape on Consumers' Judgments of Product Volume: Attention as a Mental Contaminant" . *Journal of Consumer Research*, 2004, 31 (2): 390 - 401.

[118] Freedman, J. L., D. O. Sears and J. M. Carlsmith. *Social Psychology*, Englewood Cliffs, NJ: Prentice-Hall, 1978.

[119] Frey, D., Stahlberg, D.. "Selection of information after receiving more or less reliable self-threatening information" . *Personality & Social Psychology Bulletin*, 1986 (12): 434 - 441.

[120] Fromkin, H. L., Olson, J. C., Dipboye, R. L., et al.. "A commodity theory analysis of consumer preferences for scarce products" . *Proceedings of the 79th Annual Convention of the American Psychological Association*, Washington, DC, 1971: 653 - 654.

[121] Gardner, W. L., Gabriel, S., Lee, A. Y.. "'I' value freedom, but 'we' value relationships: self-construal priming mirrors cultural differences in judgment" . *Psychological Science*, 1999 (10): 321 - 326.

[122] Gershoff, A. D., Mukherjee, A., Mukhopadhyay, A.. "Consumer Acceptance of Online Agent Advice: Extremity and Positivity Effects" . *Journal of Consumer Psychology*, 2003, 13 (1): 161 - 170.

[123] Gibson, B.. "Can Evaluative Conditioning Change Attitudes toward Mature Brands? New Evidence from the Implicit Association Test" . *Journal of Consumer Research*, 2008, 35 (1): 178 - 188.

[124] Goodhardt, G. J.. "The Dirichlet: A Comprehensive Model of Buying Behavior" . *Journal of the Royal Statistical Society*, 1984, 147 (5): 621 - 655.

[125] Grubb, E. L., Hupp, G.. "Perception of Self, Generalized Stereotypes, and Brand Selection" . *Journal of Marketing Research*, 1968, 5 (1): 58 - 63.

[126] Hawkins, D., R. J. Best and K. Coney, *Consumer Behavior: Building Marking Strategy* (*8th ed*), Boston: McGraw-Hill, 2001.

[127] Hayes, A. F.. *An Introduction to Mediation, Moderation and Conditional Process Analysis: A Regression-based Approach.* New York: Guilford Press, 2013.

[128] Heine, S., Lehman, D.. "Culture, self-discrepancies, and self-sat-

isfaction" . *Personality & Social Psychology Bulletin*, 1999, 66, 209 - 219.

[129] Hellofs, L. L., Jacobson, R.. "Market Share and Customers' Perceptions of Quality: When Can Firms Grow Their Way to Higher versus Lower Quality?". *Journal of Marketing*, 1999, 63 (1): 16 - 25.

[130] Holbrook, M. B., Schindler R. M.. "Some Exploratory Findings on the Development of Musical Tastes" . *Journal of Consumer Research*, 1989, 16 (6): 119 - 124.

[131] Holt, D. B.. "Does Cultural Capital Structure American Consumption?" . *Journal of Consumer Research*, 1998, 25 (1): 1 - 25.

[132] Homer, P. M.. "Product Placements" . *Journal of Advertising*, 2009, 38 (3): 21 - 32.

[133] Hong, J., Chang, H. H.. "'I' follow my heart and 'we' rely on reasons: The impact of self-construal on reliance on feelings versus reasons in decision making" . *Journal of Consumer Research*, 2015, 41 (6): 1392 - 1411.

[134] Hooley, G., Greenley, G., Fahy, J. and Cadogan, J.. "Market-Focused Resources, Competitive Positioning and Firm Performance" . *Journal of Marketing Management*. 2001, 17 (5 - 6 July): 503 - 520.

[135] Huang, M. H., Yu, S.. "Gifts in a romantic relationship: a survival analysis" . *Journal of Consumer Psychology*, 2000, 9 (3): 179 - 188.

[136] Huang, X., Dong, P., Mukhopadhyay, A.. "Proud to belong or proudly different? Lay theories determine contrasting effects of incidental pride on uniqueness seeking" . *Journal of Consumer Research*, 2014, 41 (3): 697 - 712.

[137] Huang, X., Zhang, M., Hui, M. K., et al.. "Warmth and conformity: The effect of ambient temperature on product preferences and financial decisions" . *Journal of Consumer Psychology*, 2014, 24 (2): 241 - 50.

[138] Hyde, Douglas. *The Gift: Imagination and the Erotic Life of Property*, New York: Vintage, 1983.

[139] Infra Butt, Nicolas, P., Murphy, S.. "Development of Positioning as a Research Stream: A Critical Assessment of Impediments and a Look Forward" . *Annual Conference of the Australia-New Zealand Marketing Academy, Dunedin, Proceedings*, 2007, December, 3 (5): 548 - 555.

[140] IJzerman, H., Semin, G. R.. "Temperature perceptions as a ground for social proximity" . *Journal of Experimental Social Psychology*, 2010, 46 (6): 867 - 873.

[141] James R. Coyle, Esther Thorson. "The Effects of Progressive Levels of Interactivity and Vividness in Web Marketing Sites". *Journal of Advertising*, 2001, 30 (3): 65-77.

[142] Janiszewski, C., Meyvis, T.. "Effects of Brand Logo Complexity, Repetition, and Spacing on Processing Fluency and Judgment". *Journal of Consumer Research*, 2001, 28 (1): 18-32.

[143] Jiang, Y., Gorn, G. J., Galli, M., et al.. "Does Your Company Have the Right Logo? How and Why Circular- and Angular-Logo Shapes Influence Brand Attribute Judgments". *Journal of Consumer Research*, 2016, 42 (5): 709-726.

[144] Joy, A.. "Gift Giving in Hong Kong and the Continuum of Social Ties". *Journal of Consumer Research*, 2001, 28 (2): 239-256.

[145] Jung, S. U., Zhu, J., Gruca, T. S.. "A meta-analysis of correlations between market share and other brand performance metrics in FMCG markets". *Journal of Business Research*, 2016, 69 (12): 5901-5908.

[146] Kahn, B. E., Kalwani, M. U., Morrison, D. G.. "Niching versus Change-of-Pace Brands: Using Purchase Frequencies and Penetration Rates to Infer Brand Positionings". *Journal of Marketing Research*, 1988, 25 (4): 384-390.

[147] Kamins, M. A., Alpert, F. H.. "Consumer Brand Confusion: The Prevalence, Cause, and Impact of Misperception of Market Leader and Market Pioneer Brands" // *Proceedings of the* 1997 *World Marketing Congress. Springer International Publishing*, 2015: 549-549.

[148] Kamins, M. A., Marks, L. J.. "Advertising Puffery: The Impact of Using Two-Sided Claims on Product Attitude and Purchase Intention". *Journal of Advertising*, 1987, 16 (4): 6-15.

[149] Kamins, M. A., Alpert, F. H., Perner, L.. "Consumers' Perception and Misperception of Market Leadership and Market Pioneership". *Journal of Marketing Management*, 2003, 19 (7-8): 807-834.

[150] Kamins, M. A., Alpert, F., Perner, L.. "How do consumers know which brand is the market leader or market pioneer? Consumers' inferential processes, confidence and accuracy". *Journal of Marketing Management*, 2007, 23 (7-8): 590-611.

[151] Kardes, F. R., Kalyanaram, G.. "Order-of-Entry Effects on Consumer Memory and Judgment: An Information Integration Perspective". *Journal of Market-*

ing Research, 1992, 29 (3): 343 -357.

[152] Kardes, F. R., Kalyanaram, G., Dornoff, C. R. J.. "Brand Retrieval, Consideration Set Composition, Consumer Choice, and the Pioneering Advantage". *Journal of Consumer Research*, 1993, 20 (1): 62 -75.

[153] Katz, M. L., Shapiro, C.. "Network Externalities, Competition, and Compatibility". *American Economic Review*, 1985, 75 (3): 424 -440.

[154] Kao, D.. "The impacts of consumers' need for uniqueness (CNFU) and brand personality on brand switching intentions". *Journal of Business Theory and Practice*, 2013, 1 (1): 83 -94.

[155] Kearns, Z., Millar, S., Lewis T. Dirichlet. "Deviations And Brand Growth". 2000, *Gold Coast: Proceedings of the Australian and New Zealand Marketing Academy Conference.*

[156] Kim, H., Markus, H.. "Deviance or uniqueness, harmony or conformity? A cultural analysis". *Journal of Personality and Social Psychology*, 1999, 77 (4): 785 -800.

[157] Kim, H. S., Drolet, A.. "Choice and Self Expression: Cultural analysis of variety seeking". *Journal of Personality and Social Psychology*, 2003, 85 (2): 373 -382.

[158] Kotler, P.. *Marketing Management: Analysis, Planning, Implementation and Control*, Prentice-Hall, INC., Englewood Cliffs, New Jersey, 1984.

[159] Kotler, P.. *Marketing Management: Analysis, Planning, Implementation and Control*, Upper Saddle River, N. J., Prentice-Hall International, 1997.

[160] Kotler, P., Keller, K., Brady, M., et al.. *Marketing Management: 14th Edition*, 2012.

[161] Kumar, N., Benbasat, I.. "The Influence of Recommendations and Consumer Reviews on Evaluations of Websites". *Information Systems Research*, 2006, 17 (4): 425 -439.

[162] Lane, W. J.. "Product Differentiation in a Market with Endogenous Sequential Entry". *The Bell Journal of Economics*, 1980, 11 (1): 237 -260.

[163] Laroche, M., Saad, G., Browne, E., et al.. "Determinants of In-Store Information Search Strategies Pertaining to a Christmas Gift Purchase". *Canadian Journal of Administrative Sciences*, 2010, 17 (1): 1 -19.

[164] Lee, A. Y., Aaker, J. L., Gardner, W. L.. "The pleasures and pains of distinct self-construals: The role of interdependence in regulatory focus".

Journal of Personality and Social Psychology, 2000, 78 (6): 1122 – 1134.

[165] Lee, S. Y., Gregg, A. P., Park, S. H.. "The person in the purchase narcissistic Consumers prefer products that positively distinguish them". *Journal of Personality and Social Psychology*, 2013, 105 (2): 335 – 352.

[166] Levav, J., Zhu, R. J.. "Seeking freedom through variety". *Journal of Consumer Research*, 2009, 36 (4): 600 – 610.

[167] Liang, B., He, Y.. "The effect of culture on consumer choice: the need for conformity vs. the need for uniqueness". *International Journal of Consumer Studies*, 2012, 36: 352 – 359.

[168] Liu, J. E., Smeesters, D., Vohs, K. D.. "Reminders of money elicit feelings of threat and reactance in response to social influence". *Journal of Consumer Research*, 2012, 38 (6): 1030 – 1046.

[169] Liu, S. X., Wei, E. Y., Lu, Y. X., et al.. "Moderating effect of cultural values on decision making of gift-giving from a perspective of self-congruity theory: an empirical study from Chinese context". *Journal of Consumer Marketing*, 2010, 27 (7): 604 – 614.

[170] Lynn, M., Harris, J.. "Individual Differences in the Pursuit of Self-Uniqueness Through Consumption". *Journal of Applied Social Psychology*, 1997, 27 (21): 23.

[171] Ma, L., Fang, Q., Zhang, J., et al.. "Money priming affects consumers' need for uniqueness". *Social Behavior and Personality*, 2017, 45 (1): 105 – 114.

[172] Malinowski, Bronislaw. *Argonauts of the Western Pacific: An Account of Native Enterprise and Adventure in the Archipelagos of Melanesian New Guinea*, London: Routledge & Kegan Paul, 1978.

[173] Mandel, N.. "Shifting Selves and Decision Making: The Effects of Self-Construal Priming on Consumer Risk-Taking". *Journal of Consumer Research*, 2003, 30 (1): 30 – 40.

[174] Manhas, P. S., Science, F. A., Guillen, J.. "Strategic brand positioning analysis through comparison of cognitive and conative perceptions". *Journal of Economics, Finance and Administrative Science*, 2010, 15 (29): 16 – 33.

[175] Maoz, E. and A. M. Tybout. "The Moderating Role of Involvement and Differentiation in the Evaluation of Brand Extensions". *Journal of Consumer Psychology*, 2002 (12): 119 – 131.

[176] Markus, H. R., Kitayama, S.. "Culture and the self: Implications for cognition, emotion, and motivation". *Psychological Review*, 1991, 98 (2): 224-253.

[177] Markus, H. R., Kitayama, S., Heiman, R. J.. "Culture and 'basic' psychological principles". *Social Psychology Handbook of Basic Principles*, 1997.

[178] Mauss, Marcel. *The Gift: Forms and Functions of Exchange in Archaic Societies*, *ed.* Ian Cunnison, New York: Norton, ([1925] 1967).

[179] Mcgrath, M. A.. "Gender Differences in Gift Exchanges: New Directions from Projections". *Psychology and Marketing*, 1995, 12 (5): 371-393.

[180] Miles, M. B., Huberman, A. M.. *Qualitative data analysis: a sourcebook of new methods.* Sage Publications, 1994.

[181] Min, S., Robinson, K. W. T.. "Market Pioneer and Early Follower Survival Risks: A Contingency Analysis of Really New versus Incrementally New Product-Markets". *Journal of Marketing*, 2006, 70 (1): 15-33.

[182] Morf, C. C., Rhodewalt, F.. "Unraveling the paradoxes of narcissism: A dynamic self-regulatory processing model". *Psychological Inquiry*, 2001, 12 (4): 177-196.

[183] Mullet, G. M., Karson, M. J.. "Analysis of Purchase Intent Scales Weighted by Probability of Actual Purchase". *Journal of Marketing Research*, 1985, 22 (1): 93-96.

[184] Mussweiler, T.. "Comparison processes in social judgment: Mechanisms and consequences". *Psychological Review*, 2003, 110 (3): 472-489.

[185] Naughton, Keith. "1997 Taurus may tumble from the top", *Business Week*, January 2004.

[186] Nenkov, G. Y., Scott, M. L.. "'So Cute I Could Eat It Up': Priming Effects of Cute Products on Indulgent Consumption". *Journal of Consumer Research*, 2014, 41 (2): 326-341.

[187] Newman, C. L., Howlett, E., Burton, S.. "Effects of Objective and Evaluative Front-of-Package Cues on Food Evaluation and Choice: The Moderating Influence of Comparative and Noncomparative Processing Contexts". *Journal of Consumer Research*, 2016, 42 (5): 749-766.

[188] Nisbett, R. E., Peng, K., Choi, I., et al.. "Culture and systems of thought: Holistic versus analytic cognition". *Psychological Review*, 2001, 108 (2): 291-310.

[189] O. Bouhlel, N. Mzoughi, D. Hadiji, I. B. Slimane. "Brand Personality and Mobile Marketing: An Empirical Investigation". *Proceedings of World Academy of Science, Engineering and Technology, International Scholarly and Scientific Research & Innovation*, 2009, 3 (5): 587 –594.

[190] Otnes, C., Lowrey, T. M., Kim, Y. C.. "Gift Selection for Easy and Difficult Recipients: A Social Roles Interpretation". *Journal of Consumer Research*, 1993, 20 (2): 229 –244.

[191] Oyserman, D., Coon, H. M., Kemmelmeier, M.. "Rethinking individualism and collectivism: Evaluation of theoretical assumptions and meta-analyses". *Psychological Bulletin*, 2002, 128 (1): 3 –72.

[192] Pare, V., Dawes, J., Driesener, C.. "Double Jeopardy Deviations for Small and Medium Share Brands-How Frequent and How Persistent?". *Proceedings of the Australian and New Zealand Marketing Academy Conference*. Australia: Brisbane, 2006.

[193] Park, C. W., Jaworski, B. J., Maclnnis, D. J.. "Strategic Brand Concept-Image Management". *Journal of Marketing*, 1986, 50 (4): 135.

[194] Park, Sun, H.. "Self-construals as motivating factors in opinion shifts resulting from exposure to majority opinions". *Communication Reports*, 2001, 14 (2): 105 –116.

[195] Parkhe, A.. "'Messy' Research, Methodological Predispositions, and Theory Development in International Joint Ventures". *Academy of Management Review*, 1993, 18 (2): 227 –268.

[196] Parry, J.. "The Gift, the Indian Gift and the 'Indian Gift'". *Man (New Series)*, 1986, 21 (3): 453 –473.

[197] Parsons, A. G.. "Brand choice in gift-giving: recipient influence". *Journal of Product & Brand Management*, 2002, 11 (4): 237 –249.

[198] Petroshius, S. M., Monroe, K. B.. "Effect of Product-Line Pricing Characteristics on Product Evaluations". *Journal of Consumer Research*, 1987, 13 (4): 511 –519.

[199] Petrova, P. K., Cialdini, R. B.. "Fluency of Consumption Imagery and the Backfire Effects of Imagery Appeals". *Journal of Consumer Research*, 2005, 32 (3): 442 –452.

[200] Porter, M. E.. *Competitive strategy*. Free Press, 1980: 2001.

[201] Porter, M. E.. "What is Strategy?". *Harvard Business Review*, 1996

(Nov/Dec): 61 –78.

[202] Preacher, K. J. , Hayes, A. F.. "SPSS and SAS procedures for estimating indirect effects in simple mediation models" . *Behavior Research Methods Instruments & Computers*, 2004.

[203] Qian, W. , Abdur Razzaque, M. , Ah Keng, K.. "Chinese cultural values and gift-giving behavior" . *Journal of Consumer Marketing*, 2007, 24 (4): 214 –228.

[204] R. Reeves, *Reality in Advertising.* , Knopf, New York, 1961.

[205] Rajamma, R. K. , Lou, E. P. , Hsu, M. K. , et al.. "The Impact of Consumers' Need for Uniqueness and Nationality on Generation Y's Retail Patronage Behaviors: Investigating American and Taiwanese Consumers" . *Journal of Global Marketing*, 2010, 23 (5): 387 –410.

[206] Ratchford, B. T. , Talukdar, D. , Lee, M. S.. "A model of consumer choice of the internet as an information source" . *International Journal of Electronic Commerce*, 2001, 5 (3): 7 –21.

[207] Rego, L. L. , Morgan, N. A. , Fornell, C.. "Reexamining the Market Share-Customer Satisfaction Relationship" . *Journal of Marketing*, 2013, 77 (September): 1 –20.

[208] Ries, A. L. , Trout, J.. "How to position your product" . *Advertising Age*, 1972, 43 (8): 114 –116.

[209] Ries, A. L. , Trout, J.. "Positioning cuts through chaos in marketplace" . *Advertising Age*, 1972, 43 (1): 51 –54.

[210] Ries, A. L. , Trout, J.. "The positioning era cometh" . *Advertising Age*, 1972, 43 (24): 35 –38.

[211] Ries, A. L. , Trout, J.. *Positioning*, *The Battle for your Mind.* New York, McGraw-Hill, 1981.

[212] Ries, A. L. , Trout, J.. *Positioning*, *The Battle for your Mind* (1*st edition revised*), New York, McGraw-Hill, 1986.

[213] Rucker, D. D. , Galinsky, A. D.. "Desire to acquire: Powerlessness and compensatory consumption" . *Journal of Consumer Research*, 2008, 35 (2): 257 –267.

[214] Rugimbana, R. , Donahay, B. , Neal, C. , et al.. "The Role of Social Power Relations in Gift giving on Valentine's Day" . *Journal of Consumer Behavior*, 2003, 3 (1): 63 –73.

[215] Ruth, J. A., Otnes, C. C., Brunel, F. F.. "Gift Receipt and the Reformulation of Interpersonal Relationships". *Journal of Consumer Research*, 1999, 25 (4): 385 -402.

[216] Ruvio, A., Shoham, A., Brenčič, M. M.. "Consumers' need for uniqueness: short-form scale development and cross-cultural validation". *International Marketing Review*, 2008, 25 (1): 33 -53.

[217] Schieffelin, E. L.. "Reciprocity and the construction of reality". *Man*, 1980, 15 (3): 502.

[218] Schiffman, L. G., Kanuk, L. L. & Wisenbilt, J.. *Consumer behavior*. 10*th ed*. Upper Saddle River, NJ: Prentice Hall, 2010.

[219] Schmalensee, R.. "Product differentiation advantages of pioneering brands". *American Economic Review*, 1982, 72 (3): 349 -365.

[220] Schwartz, B.. "The Social Psychology of the Gift". *American Journal of Sociology*, 1967, 73 (1): 1 -11.

[221] Scott, M. L., Nowlis, S. M., Mandel, N., et al.. "The Effects of Reduced Food Size and Package Size on the Consumption Behavior of Restrained and Unrestrained Eaters". *Journal of Consumer Research*, 2008, 35 (3): 391 -405.

[222] Senecal, S., Nantel, J.. "The influence of online product recommendations on consumers' online choices". *Journal of Retailing*, 2004, 80 (2): 159 -169.

[223] Sherry, J. F.. "Gift giving in anthropological perspective". *Journal of Consumer Research*, 1983, 10 (2): 157 -168.

[224] Shin, H. S., Hanssens, D. M., Kim, K. I.. "The role of online buzz for leader versus challenger brands: the case of the MP3 player market". *Electronic Commerce Research*, 2016, 16 (4): 503 -528.

[225] Simonson, I., Nowlis, S. M.. "Role of Explanations and Need for Uniqueness in Consumer Decision Making: Unconventional Choices Based on Reasons". *Journal of Consumer Research*, 2000, 27 (1): 49 -68.

[226] Simonson, I., Carmon, Z., Dhar, R., et al.. "Consumer research: in search of identity". *Annual Review of Psychology*, 2001, 52 (1): 249 -275.

[227] Singelis, T. M.. "The Measurement of Independent and Interdependent Self-Construals". *Personality & Social Psychology Bulletin*, 1994, 20 (5): 580 -591.

[228] Sinha, J., Lu, F. C.. "'I' value justice, but 'we' value relation-

ships: Self-construal effects on post-transgression consumer forgiveness". *Journal of Consumer Psychology*, 2016, 26 (2): 265 -274.

[229] Snyder, C. R.. "Abnormality as a positive charactaristic: The development and validation of a scale measuring need for uniqueness". *Journal of Abnormal Psychology*, 1977, 86 (5): 518 -527.

[230] Snyder, C. R.. "Product scarcity by need for uniqueness interaction: A consumer catch -22 carousel?". *Basic & Applied Social Psychology*, 1992, 13 (1): 9 -24.

[231] Song, D., Lee, J.. "Balancing 'We' and 'I': Self-construal and an alternative approach to seeking uniqueness". *Journal of Consumer Behavior*, 2013, 12 (6): 506 -516.

[232] Sweeney, J. C., Soutar, G. N.. "Consumer perceived value: The development of a multiple item scale". *Journal of Retailing*, 2001, 77 (2): 203 -220.

[233] Tian, K. T., Bearden, W. O., Hunter, G. L.. "Consumers' Need for Uniqueness: Scale Development and Validation". *Journal of Consumer Research*, 2001, 28 (1): 50 -66.

[234] Tracy, J. L., Robins, R. W.. "Putting the self into self-conscious emotions: A theoretical model". *Psychological Inquiry*, 2004, 15 (2): 103 -25.

[235] Tian, K. T., Bearden, W. O., Hunter, G. L.. "Consumers' Need for Uniqueness: Scale Development and Validation". *Journal of Consumer Research*, 2001, 28 (1): 50 -66.

[236] Trafimow, D., Triandis, H. C., Goto, S. G.. "Some tests of the distinction between the private self and the collective self". *Journal of Personality and Social Psychology*, 1991, 60 (5): 649 -655.

[237] Triandis, H. C., Gelfand, M. J.. "Converging measurement of horizontal and vertical individualism and collectivism". *Journal of Personality & Social Psychology*, 1998, 74 (1): 118 -128.

[238] Trout, J.. "Positioning is a game people play in today's me-too market place". *Industrial Marketing*, 1969, 54 (6): 51 -55.

[239] Trout, J.. *The New Positioning*, *The Latest on the World's #1 Business Strategy*, New York, McGraw-Hill, 1996.

[240] Van, d. P.. "What matters most in advertising campaigns? the relative effect of media expenditure and message content strategy". *International Journal of*

Advertising: *The Quarterly Review of Marketing Communications*, 2009, 28 (4): 669 –690.

[241] Vanhamme, J. , Bont, C. J. P. M. D. . "'Surprise Gift' Purchases: Customer Insights from the Small Electrical Appliances Market" . *Journal of Retailing*, 2008, 84 (3): 354 –369.

[242] Van Reijmersdal, E. A. , P. C. Neijens, E. G. Smit, "Effects of TV Brand Placement on Brand Image", *Psychology and Marketing*, 2007, 24 (5): 403 –420.

[243] Wang, C. L. , Mowen, J. C. . "The separateness-connectedness self-schema: Scale development and application to message construction" . *Psychology & Marketing*, 1997, 14 (2): 185 –207.

[244] Ward, M. K. , Dahl, D. W. . "Should the Devil Sell Prada? Retail Rejection Increases Aspiring Consumers' Desire for the Brand" . *Journal of Consumer Research*, 2014, 41 (3): 590 –609.

[245] Wengraf, T. . *Qualitative Research Interviewing*: *Biographic Narrative and Semi-structured Methods*. Sage, 2001: 3 –8.

[246] Wolfinbarger, F. M. , Mary, G. C. . "An Experimental Investigation of Self-Symbolism in Gifts" . *Advances in Consumer Research*, 1996, 23 (1): 458 –462.

[247] Wooten, D. B. . "Qualitative Steps toward an Expanded Model of Anxiety in Gift-Giving" . *Journal of Consumer Research*, 2015, 27 (1): 84 –95.

[248] Xu, J. , Shen, H. , Wyer Jr, R. S. . "Does the distance between us matter Influences of physical proximity to others on consumer choice" . *Journal of Consumer Psychology*, 2012, 22 (3): 418 –423.

[249] Yan, Yunxiang. *The Flow of Gifts*: *Reciprocity and Social Networks in a Chinese Village*, Stanford, CA: Stanford University Press, 1996.

[250] Yang, Mei Hui. *Gifts*, *Favors and Banquets*: *The Art of Social Relations in China*, Ithaca, NY: Cornell University Press, 1994.

[251] Yau, Oliver, Tsang S. Chan, and Kwok F. Lau. "Influence of Chinese Cultural Values on Consumer Behavior: A Proposed Model of Gift-Purchasing Behavior in Hong Kong" . *Journal of International Consumer Marketing*, 1999, 11 (January): 97 –116.

[252] Yin, R. K. *Case Study Research*: *Design and Methods. Applied Social Research Methods Series*, Volume 5. Thousand Oaks, CA: Sage Publications, 1994.

[253] Zeithaml, V. A.. "Consumer Perceptions of Price, Quality and Value: A Means-End Model and Synthesis of Evidence" . *Journal of Marketing*, 1988, 52 (3): 2 –22.

[254] Zhang, Y., Shrum, L. J.. "The Influence of Self-Construal on Impulsive Consumption" . *Journal of Consumer Research*, 2009, 35 (5): 838 –850.

[255] Zhao, X., Lynch, J. G., Chen, Q.. "Reconsidering Baron and Kenny: Myths and Truths about Mediation Analysis" . *Journal of Consumer Research*, 2010, 37 (2): 197 –206.

[256] Zou, D., Jin, L., He, Y., et al.. "The effect of the sense of power on Chinese consumers' uniqueness-seeking behavior" . *Journal of International Consumer Marketing*, 2014, 26 (1): 14 –28.

作为营销管理的研究工作者，我幸运地赶上了中国经济快速发展、营销实践创新层出不穷的时代。立足于中国情境，做对理论和实践有意义的本土化研究是我一直以来的心愿。铺天盖地的轰炸宣传，强调自己是市场领导者，真的行之有效吗？在什么情境下领导者定位点能够成为消费者的购买理由？这是我一直想研究的问题。本书是在我的博士论文基础上修改而成的，研究过程中得到了太多师友的指导与帮助，对此我一直深怀感激。

首先，衷心感谢我最敬爱的导师李飞老师。李飞老师的指导、鼓励和支持是本书得以完成并出版的重要基础。李老师是一位充满智慧的学者，他高尚的人格、严谨勤奋的治学态度和对真理的不懈追求一直深深地感染着我。我在博士期间的每一点进步都得益于他的引导、支持和鼓励。每一次与李老师讨论，我都有如沐春风之感。除了传道授业解惑，李老师还给予了我非常宝贵的研究自由，鼓励我不忘初心，积极探索。特别感谢李老师在我迷茫时一次次为我指明方向，让我能够顺利地完成学业并努力实现教书育人的梦想。

其次，感谢亲爱的刘茜老师，感谢她一直以来对我的关爱和帮助。刘老师不仅是一位有独立精神、自由思想的学者，也是我人生中难得的良师和益友。感谢刘老师带我领略质性研究的魅力。和刘老师一起做研究的日子是我求学过程中一段特别难忘的时光。在“田野”里摸爬滚打的经历也是让我一生受用的财富。

由于研究水平和条件的限制，本书还存在许多缺陷，我要特别感谢为我提供宝贵意见和建议的各位老师。感谢在我研究和写作期间帮助过我的每一个朋友，感谢陪伴我一起成长的同学，感谢在清华园求学的十年中每一个给予我关怀支持和鼓励的人。感谢养育我的父母，感谢你们对我无私的支持和陪伴；感谢我的先生，让我的生活一直充满阳光和温暖。

感谢经济科学出版社的编辑，没有他们的热情支持和辛苦努力本书就不可能如此顺利地出版。

贺曦鸣

2020 年 3 月

图书在版编目（CIP）数据

传播领导者定位对消费者产品态度和购买意愿的影响研究／贺曦鸣著．—北京：经济科学出版社，2020.6
ISBN 978－7－5141－4223－5

Ⅰ.①传… Ⅱ.①贺… Ⅲ.①市场营销－定位－关系－消费者行为论－研究 Ⅳ.①F713.54②F713.55

中国版本图书馆 CIP 数据核字（2020）第 074639 号

责任编辑：齐伟娜 赵 蕾
责任校对：刘 昕
技术编辑：李 鹏 范 艳

传播领导者定位对消费者产品态度和购买意愿的影响研究
贺曦鸣/著
经济科学出版社出版、发行 新华书店经销
社址：北京市海淀区阜成路甲 28 号 邮编：100142
总编部电话：010－88191217 发行部电话：010－88191540
网址：www.esp.com.cn
电子邮件：esp@esp.com.cn
天猫网店：经济科学出版社旗舰店
网址：http://jjkxcbs.tmall.com
北京季蜂印刷有限公司印装
710×1000 16 开 11.25 印张 210000 字
2020 年 10 月第 1 版 2020 年 10 月第 1 次印刷
ISBN 978－7－5141－4223－5 定价：45.00 元
（图书出现印装问题，本社负责调换。电话：010－88191510）